Carl Gotthold Lenz

Geschichte der Weiber im heroischen Zeitalter

Carl Gotthold Lenz

Geschichte der Weiber im heroischen Zeitalter

ISBN/EAN: 9783743603714

Hergestellt in Europa, USA, Kanada, Australien, Japan

Cover: Foto ©ninafisch / pixelio.de

Weitere Bücher finden Sie auf **www.hansebooks.com**

GESCHICHTE
DER WEIBER

IM HEROISCHEN ZEITALTER,

VON

CARL GOTTHOLD LENZ.

HANNOVER,
im Verlage der Helwingschen Hofbuchhandlung
1790.

Den forschern

des gelehrten und schönen

alterthums

Herrn Oberappellations-Rath

von RAMDOHR,

Herrn Hofrath HEYNE

und

Herrn Hofrath SCHÜTZ

überreicht

dieses schwache opfer seiner verehrung

der verfasser.

*Adsitis, divi, neu vos de paupere mensa
dona, nec e puris spernite fictilibus.*

Man wird mir gewis den vorwurf nicht machen, daſs, nach verschiedenen versuchen gelehrter männer über die geschichte des weiblichen geschlechts, meine kleine schrift überflüſsig sey. Es ist für die allseitige, unpartheyische prüfung sehr wichtig, daſs einerley art von untersuchung mehrmals, von mehrern und aus verschiednen gesichtspunkten angestellt werde. Werke, die das ganze der geschichte der weiber umfassen wollen, können auch nicht bey der geschichte einzelner völker und zeitabschnitte lange verweilen und in alle einzelheiten und eigenthümlichkeiten derselben eindringen. Es bleibt also für den, der aus der geschichtsmasse eine einzelne periode aushebt, die ganz ins einzelne gehende darstellung übrig. Wenn das allgemeine räsonnement über die weiber aller zeiten und völker leicht ermüdet, vielleicht nicht einmal eine anschauliche vorstellung gewährt, so findet sich hier dagegen ein (so weit die quellen hinreichen) vollständigeres gemählde, das uns mit dem leben und den sitten der weiber des heroischen alters in allen verhältnissen vertraut machen soll. Alle nachrichten zusammen genommen, wissen wir freilich immer nur wenig aus jenen zeiten, doch genug, um mit wohlgefallen bey der geschichte der weiber jener zeit zu verweilen.

Meine führer bey diesen untersuchungen waren Homer und Hesiod, die einzigen schriftsteller, die noch dem heroischen zeitalter ziemlich nahe, die sitten desselben aus sagen und dichtungen kannten, und selbst in einem zeitalter lebten, das wol nur wenig verschieden von dem des Trojanischen krieges war. Ich trug daher kein bedenken, nicht allein von dem, was Hesiod aus der ältern fabel anführt, sondern auch von dem, was er über die weiber seiner zeit sagt, in diesem versuche gebrauch zu machen. Dichter müssen hier so gut, als zum theil in den untersuchungen über die geschichte der ritterzeiten, die stelle historischer nachrichten vertreten, und wir können um so viel mehr vertrauen in ihre zeugnisse setzen, je gewisser es ist, dafs, wie Al-

cinous zum Ulysses sagt, die barden jener zeit nicht lügen erdichteten, sondern wahrhaft die geschichte erzählten. Homers gedichte tragen das gepräge der wahrhaftigkeit an der stirne, und sie sind es, aus denen ich die meisten nachrichten schöpfen mußte; besonders bot die Odyssee, ein großer schauplatz häuslicher auftritte, mir reichen stoff dar. Auch die mythen von den göttern und dem götterleben habe ich nicht unbenutzt gelassen, da die sterblichen weiber die vorbilder waren, nach denen man die unsterblichen bildete. Die Homerischen hymnen konnten mir nicht gleich zuverläßige zeugen seyn, da ihr jüngeres alter entschieden ist; indeß habe ich mich einige male auf sie berufen, wo mir ihre aussagen im geiste des heroischen alters zu seyn schienen. Vorzüglich konnte ich mir die schönen beyträge, welche der Homerische hymne auf die Ceres zu den sitten der weiber jener zeit liefert, sehr gut zu nutze machen, da, nach aller geständniſs, dieser gesang den geist des hohen alterthums athmet!

Ich hätte freilich durch benutzung der zeugnisse der spätern schriftsteller, historischer sowol als der dichter, hauptsächlich der tragiker, meinem aufsatze einen gröſsern umfang und mehr vollständigkeit geben können: allein, aus furcht, die reine und lautre darstellung der geschichte der weiber, so wie sie jene älteste dichter darbieten, durch den zusatz spätrer sagen und dichterausschmückungen zu verfälschen, schränkte ich mich geflissentlich blos auf Homer und Hesiod ein. Jedoch denke ich, in einer besondern schrift, die geschichte des weiblichen geschlechts im heldenalter nach den spätern schriftstellern zu bearbeiten, deren angaben freilich gröfstentheils nur wahrscheinlichkeit geben; es sey denn, dafs sie aus ältern quellen geschöpft und diese ungetrübt gelassen haben. Hierzu geben die Griechischen Tragiker, deren sujets aus der heldenzeit entlehnt waren, die reichste ausbeute, deren sichtung aber um so mehr fleifs verdient, je häufiger sich jene dichter erlaubten, die sitten und die verfassung ihrer zeit dem alterthume zu leihen.

Diese vermischung spätrer schriftsteller mit den zeugnissen Homers sowol, als die beurtheilung des Ionischen sängers nach unsrer denkungsart, hat, wie mich dünkt, nachtheilige vorstellungen von den sitten der

weiber im heldenalter erzeugt, die, in
den neuesten zeiten, durch das ansehen wichtiger schriftsteller noch mehr
stärke bekommen haben. Wenn ich
diese herrschende vorstellungsart nicht
ganz zu der meinigen mache, sondern
vortheilhafter, als manche meiner vor-
gänger, von den weibern der heroischen zeit urtheile, so ist dies nicht
folge einer angenommenen hypothese,
vor der sich der geschichtschreiber
sorgfältig zu bewahren hat; auch
nicht vorliebe für das geschlecht;
denn ein schriftsteller hat, wie jene
dame sagte, kein geschlecht! Es ist
eigene, (wiewol subjective) überzeu-
gung, daſs man den zustand und die
sitten der weiber aus jenem zeitalter
zu tief herabgewürdigt hat, wodurch
zugleich ein sehr starker schatten auf
unser geschlecht, das so mächtigen

einfluſs auf die ihm untergeordneten weiber hat, geworfen wurde!

Ich nenne hier noch die vorzüglichsten neuern schriftsteller, welche der geschichte der weiber des heldenalters ihre aufmerksamkeit geschenkt haben. Everhard *Feith* hat in seinen Homerischen alterthümern die vorzüglichsten data dazu in verschiednen capiteln zusammen getragen. Er ist bloſser sammler, ohne räsonnement; desto weniger hat man von ihm eine verrückung des gesichtspunkts oder eine beurtheilung nach einer vorgefaſsten meinung zu befürchten. Nur mischt er spätere schriftsteller zu häufig mit Homers zeugnissen durch einander, und die zerstreuung der materialien an den verschiednen stellen des werks verhindert eine genaue, zur beurtheilung unentbehrliche, übersicht des ganzen. Ein mehr räsonnirender sammler ist *Goguet*, der in seinem *werke über den ursprung der gesetze, künste und wissenschaften th.* 2 *b.* 6 *c.* 2. 3. von den sitten und gebräuchen der völker in klein Asien und Griechenland handelt. Ihm ist überall das heroische zeitalter ein schauplatz von unwissenheit, barbarey und lasterhaftigkeit, und die weiber jener zeiten sind ihm völlig so eingeschränkt, so schwach und so hart behandelt, als die von ihren männern wie sklavinnen behandelten weiber des ganzen morgenlandes. Das ansehen des berühmten schriftstellers, der die den heroischen zeiten beygelegten lobsprüche für falsch und unvernünftig erklärt, hat gewis zur bestimmung des urtheils der neuern über diesen gegenstand beygetragen. Aber ein noch gröſseres gewicht muſste der ausspruch eines *Wood* haben, der in seiner scharfsinnigen schrift über das originalgenie Homers überhaupt roheit und brutalität für den charakter des heroischen zeitalters gelten läſst, und diesen auch auf die weiber, ihren zustand, ihre sitten und verhältnisse zu dem männlichen geschlechte anwendet. Nach ihm sind die sitten der Griechen im heroischen alter den sitten der mehresten morgenländischen völker ziemlich gleich. Die weiber leben in drükkender abhängigkeit und abgesondert von ihren männern: liebe und freundschaft sind ihnen fremde tugenden; alle liebesscenen im Homer sind vorübergehende, thierische triebe. Der neueste geschichtschreiber des weiblichen geschlechts, *Meiners*, schlieſst sich genau an *Goguet* an, und hat *th. 1. abschn. 7. von dem zustande des weiblichen geschlechts unter den Griechen* eine kurze darstellung der lage der weiber im heroischen zeitalter versucht. Sein resultat ist, daſs die weiber in einem sehr verachteten, herabgewürdigten zustande damals lebten, der dem zustande der weiber bey allen morgenländischen völkern ähnlich war. Er benutzt diesen umstand zum vortheil seiner meinung über die unedlern und edlern völkerstämme, und schlieſst aus dem zustande der weiber bey den griechen, daſs dieses volk nicht Celtischen ursprungs sey, sondern von den Slawischen völkern abstamme. Nach der absicht seines buchs, nicht sowol die sitten, als den werth, die rechte und die ganze lage des weiblichen geschlechts zu schildern, ist nur ein theil dessen, und zwar auf wenigen blättern abgehandelt worden, was in meiner schrift ausführlicher vorkommen muſs.

Es würde unbekanntschaft mit der alten welt verrathen, wenn ich den behauptungen der angezognen schriftsteller über diesen gegenstand durchaus alle wahrheit absprechen wollte: nur zu zeigen, daſs die lage der weiber im heldenalter nicht so kränkend und hart, ihre sitten nicht so ungebildet und verderbt, ihre liebe nicht so sehr grober art gewesen sey, als man wohl gewähnt hat, dieses opfer glaubte ich der wahrheit und einem so oft ungerecht oder einseitig beurtheilten geschlechte schuldig zu seyn.

I.

Allgemeine betrachtungen über die weiber im heroischen zeitalter.

So ähnlich sich immer die sitten und der zustand der weiber im heroischen alter scheinen, so findet man doch bey einer genauern einsicht verschiedne stufen der cultur und bildung des weiblichen geschlechtes, die aber freilich für den so entfernten beobachter fast unmerklich werden und in einander fliefsen. Nur einige schwache spuren hiervon, auf die uns Homer leitet, verdienen verfolgt zu werden. Griechenland bestand vor den zeiten des Trojanischen krieges aus vielen barbarischen völkerschaften, die durch ihren Zug nach Klein-Asien ihre kenntnisse bereicherten und ihre sitten verfeinerten. Hier waren verschiedne völker weit früher als die Europäischen Griechen zu einiger cultur gelangt, die diesen zur nachahmung vorleuchtete. In Troja fand sich namentlich ein ziemlich hoher grad von bildung, der, durch wohlstand und reichthum begünstigt, schon an üppigkeit und weichlichkeit gränzte, und sich in wohlleben, in pracht der kleidung und des hausgeräthes, und in feinheit und weichlichkeit der sitten verräth. Die schicksale der weiber und ihre sitten halten stets gleichen schritt mit der aufklärung eines volkes. Wir finden daher auch unter den weibern und töchtern der Troer dieselbe sittliche beschaffenheit und bildung, die ihre männer auszeichnen. Mit den Griechinnen macht uns Homer fast blos nach den zeiten des Troischen Krieges bekannt. Wenn in dieser periode kein sehr merklicher unterschied unter ihnen und ihren Klein-Asiatischen, vorzüglich Troischen, schwestern angetroffen wird, so war dies wol folge des allenthalben in Griechenland durch die rückkehr der Griechischen feldherren ausgestreuten saamens Asiatischer cultur, und des durch feindliche beute des reichen Troja's verbreiteten wohlstandes. Dennoch glaube ich bemerkt zu haben, daſs in Ithaca im hause Odysseus noch weit mehr einfalt der sitten und der lebensart als in Troja herrschte, und ich vermuthe, daſs derselbe mangel an cultur und verfeinerung vor den zeiten des

Troischen krieges ganz Griechenland eigen war. Unter den Griechen zeichnet Homer die Phaeaker wegen ihrer cultur und verfeinerten sitten aus. Sie waren ein handelndes volk, *) das durch verbindung mit fremden völkern einen höhern grad von bildung als die übrigen Griechen gewonnen hatte: daher ihr überfluſs und ihre üppige lebensart; daher das wohlwollen gegen fremde; die pracht ihrer häuser; der aufwand ihrer gastmäler; daher vielleicht auch die ungewöhnliche achtung, die der königin Arete von dem könige und dem volke erzeugt wird. Die Phoenicierinnen werden ihrer künste im weben, färben und sticken wegen hoch gerühmt, und wahrscheinlich muſsten die weiber dieses sehr gebildeten und

*) Od. ζ, 270.

kunstreichen handelsvolkes an verfeinerung, pracht und weichlichkeit die mehresten nationen übertreffen. Ägyptens einwohner hatten bereits grofse fortschritte in wissenschaftlicher und sittlicher cultur gemacht; es herrschte grofser luxus daselbst, und die weiber waren sowol in künstlichen weiberarbeiten, als in kenntnifs der kräuter und in bereitung heilsamer säfte, geschickt. Dagegen finden sich in eben dieser zeit auch spuren ganz wilder nationen, deren weiber also tief unter den gebildetern frauen jener zeiten stehen mufsten. Dahin gehören die Laestrygoner, ein wildes, menschenfressendes volk an der westseite Siciliens, deren königin einem hohen gebirge von Homer verglichen wird, und die Cyklopen, die wilden einwohner einer insel bey Sicilien, welche, Homer zufolge, in den gebirgen ohne gesetze leben und über ihre weiber und kinder herrschen. *)

Ungeachtet dieser abstufungen in der sittlichen bildung verschiedner nationen des heroischen zeitalters kann man, nach allen vorhandnen nachrichten, im ganzen eine grofse ähnlichkeit, des männlichen sowohl als des weiblichen geschlechtes, unter den mancherley nationen voraussetzen. Die menschen auf den untersten stufen der cultur sehen sich fast überall gleich, und scheinen alle zusammen nur ein Volk oder gar nur eine

---

*) Auch Alcinous macht einen unterschied unter wilden und gesitteten völkern, indem er den Ulysses bittet, ihm zu erzählen, was er auf seinen irrsalen für menschen gesehen, ἢ μὲν ὅσοι χαλιποί τε, καὶ ἄγριοι, οὐδὲ δίκαιοι; οἵ τε φιλόξεινοι, καὶ σφιν νόος ἐστὶ θεουδής. Od. 9, 5; 5.

familie auszumachen. Je mehr sie sich von der einfalt der natur entfernen, desto weiter entfernen sie sich unter einander in ihren sitten, gebräuchen und vorstellungen. Zu den zeiten des Troischen krieges scheinen — so müssen wir wenigstens nach Homer glauben — alle völkerschaften von Klein-Asien, Griechenland, Ägypten u. s. w. fast dieselben religiösen gebräuche, sittlichen vorstellungen, dieselbe lebens- und handlungsweise befolgt zu haben; ja sogar muſs der unterschied in den sprachen verschiedner völker äuſserst unbedeutend gewesen und die eine von der andern nur wie dialecte abgewichen seyn, weil sich die reisenden überall und unter allen völkern, zu denen sie kamen, einander verständigen und ihre gedanken austauschen konnten. Diese ähnlichkeit aller völker, die auf einem gleichen grade der cultur stehen, oder überhaupt sich noch erst aus der barbarey empor arbeiten müssen, erstreckt sich auch mehr oder weniger auf die übrigen nationen des Morgenlandes, von denen wir vorzüglich aus den ältesten volksbüchern der Hebräer nachrichten haben. Selbst die Beduinen in Arabien haben Wood, und die Wilden in Amerika dem P. Lafiteau stoff zu vergleichungen mit dem heroischen zeitalter, wie es von Homer geschildert wird, an die hand gegeben. Ja, was noch mehr ist, sogar die Celtischen völker bieten in den ritterzeiten, vorzüglich in rücksicht der sitten des weiblichen geschlechts, manche vergleichungspunkte dar, so weit sie sich immer in andern Stükken von dem geiste und der beschaffenheit des heroischen zeitalters entfernen mögen.

Ein charakteristischer zug der heldenzeit ist die gleichheit der stände. Die einfachen verhältnisse des lebens, das noch von keinen verwickelten absichten und lagen weis, die genügsamkeit an dem bloſsen bedarfe der natur, und die leichte befriedigung der nothwendigsten bedürfnisse, waren die quellen dieses zustandes der gleichheit, die so lange dauerte, bis die menschen aus ihrer einfachen lebensart, gleich als aus dem stande der natur und unschuld, in eine zusammengesetztere und künstlicher angelegte übergingen. Es waren damals nur zwey stände, der **herrschende** und der **dienende**, die eine gewisse, aber nur dünne, scheidewand trennte.

Der könig mit den ältesten und dem übrigen volke machen eine gemeinschaftliche familie aus, und die sklaven stehen in ähnlichem verhältnisse zu dem herrschenden stande, als die glieder jenes unter sich. Es wäre zu verwundern, wenn, bey dieser gleichheit der stände, der abstand der geschlechter und ihrer verhältnisse zu einander so groſs wäre, wie viele meinen, welche die sklaverey der morgenländischen weiber auch hier wieder finden. Allein, gesetzt, daſs die männlichen heldenseelen des heroischen zeitalters ihre weiber für das nahmen, was sie waren, für den schwächern, unvermögendern theil der gesellschaft, so zeigt doch ihr betragen gegen diese, daſs sie, einige Fälle ausgenommen, nichts weniger thaten, als im eigentlichsten sinne des worts über sie herrschen. Vielmehr sind ihre verhältnisse zu ihren männern so beschaffen, und fast so gleich, als es nur bey der verschiednen bestimmung des weiblichen geschlechts seyn konnte. Die weiber machen wieder unter sich eine eigne, sehr einfache gesellschaft aus, und ihre sklavinnen und hausdienerinnen stehen noch nicht in einer sehr weiten entfernung von ihren gebieterinnen, die vielmehr mit ihnen freundlich, oft sogar vertraut, umgehen, in ihrer gesellschaft die geschäfte des hauses besorgen und sich wechselsweise die stunden durch gespräche zu kürzen suchen.

II.

Zustand, lebensart und sitten der weiber im heroischen zeitalter.

Nach jenen vorausgeschickten allgemeinen betrachtungen darf nun die ins einzelne gehende schilderung des weiberlebens und der weibersitten im heroischen zeitalter folgen, von welcher ich doch geflissentlich die abhandlung über liebe und ehe trenne, die, wegen ihrer wichtigkeit, billig einem eignen abschnitte aufgespart bleibt. Das leben der weiber dieses zeitalters ist so ganz auf ihr hauswesen und ihre familie eingeschränkt, daſs man beynahe lauter häusliche scenen hier finden wird.

Die mehresten beyspiele, die uns das alterthum von weibern jener zeit aufbehalten hat, stellen uns zwar blos personen eines ranges, königinnen, dar: aber es scheint aus dem, was oben bemerkt worden, zu folgen, daſs die lebensart der niedrigern stände, mit kleinen abänderungen von geringerm aufwande, fast ganz dieselbe, wie die der väter und könige der völker, war. Jede frau des hauses bewohnte das obre stock, *) in welchem sie den gröſsten theil des tages mit ihren sklavinnen in häuslicher ämsigkeit zubrachte, und wo sie des nachts schlief. Mit diesem aufenthalt wird bisweilen der **thalamus** verwechselt, der für jedes zimmer gebraucht zu werden pflegt, aber doch eigentlich und vorzugsweise das schlafzimmer der frau und des herrn bezeichnet. So war der thalamus der Penelope ein dem anblick jedes frem-

*) ὑπερῷον

den, Ulysses und eine alte kammerbediente, Actoris, ausgenommen, unzugängliches heiligthum, *) also verschieden von dem hyperoon, in welchem sich Penelope in gesellschaft ihrer dienerinnen aufhält. Die eingezogne lebensart der weiber, deren aufenthalt sich grofsentheils auf diesen ort beschränkte, mufs das urtheil eines Meiners **) veranlafst haben, es erhelle aus Homer und allen spätern zuverläfsigen schriftstellern der Griechen unwidersprechlich, dafs die weiber in der alten zeit nicht weniger, als nachher, eingeschlossen gewesen. Was in spätern zeiten in Griechenland sitte war, gehört nicht zu unserm zweck: für uns beweist also auch der von Goguet für

*) Od. ψ, 226.
**) Gesch. des weibl. geschl. 1, 316.

dieselbe behauptung angeführte beleg von der eingeschlossenheit der Griechinnen in ein besondres frauenzimmer ganz und gar nichts, da sein gewährsmann, Nepos, von der sitte der Griechen seiner zeit, nicht aber von einer sitte des heroischen alters, spricht. *) Homer weis nichts von einer solchen sklaverey: vielmehr lernen wir aus vielen stellen seiner gesänge, dafs die freiheit der weiber damals gar nicht zu beschränkt war.

Im thalamus war es, wo die männer bey ihren weibern, Ulysses bey seiner Penelope, die söhne Priamus bey ihren weibern, schliefen, wo man-

*) Nep. praef. In Graecia — neque in convivium adhibetur (femina), nisi propinquorum: neque sedet nisi in interiore parte aedium, quae gynaeconitis appellatur, quo nemo accedit nisi propinqua cognatione coniunctus.

cher gott und held in den armen eines mädchens eine schäferstunde genofs. Hier scheinen auch die männer einen theil des tages sich bey ihren weibern aufgehalten zu haben; wenigstens finden wir, dafs Paris sich nach dem zweykampf mit Menelaus im thalamus seiner gattin aufhält, und seine waffen putzt, während Helena unter ihren weibern mit künstlichen werken beschäftigt ist. *) Auch Hector kommt in das obre zimmer, seine gattin zu suchen, die aber nach dem Scäischen thore mit ihrem knäblein gegangen war. Selbst andern mannspersonen, als dem ehemanne, ist der eintritt in den thalamus unverwehrt, wie dieses Hectors beispiel beweist, der, obgleich in Paris gegenwart, in Helenens thalamus

*) Il. ζ, 321.

kommt. *) Hier wurde auch einst Penelope, als sie das bey tage gewebte tuch nachts wieder auftrennte, von den freiern überrascht. **) Am meisten aber spricht für das beysammenwohnen der weiber mit ihren männern jene schilderung, die Nausicaa dem Ulysses von der wohnung ihrer mutter macht: Bist du im hause und im vorhofe, dann durcheile den saal, und geh zur innern wohnung meiner mutter. Sie sitzt am heerde, drehend die zierliche spindel mit purpurner wolle; hinter ihr sitzen die mägde. Neben ihr steht ein thron für meinen vater, wo er ruht und mit weine sich labt. ***)

Indeſs darf man nicht glauben, daſs die weiber in das zimmer des

*) Il. ζ, 354.
**) Od. β, 110.
***) Od, ζ, 302.

obern stocks gebaut gewesen sind. Sie erscheinen häufig im grofsen saale in der gesellschaft ihrer männer und fremder gäste. Penelope, obwol über den übermuth der freier, die alle ihre habe verzehrten, bekümmert, erscheint dennoch von zeit zu zeit öffentlich in begleitung einiger dienerinnen im saale, wo sie sich den freiern gegenüber setzt, und mit ihnen bald freundlich spricht, bald ihrem kummervollen herzen durch vorwürfe gegen ihre freier linderung verschafft. Sie arbeitet sogar hier. *)

*) Od. ς, 98. Es scheint, nach Il. γ, 125, dafs Helena ebenfalls im grofsen saale (μέγαρον) mit ihren weibern gearbeitet und sich aufgehalten habe: doch, da eben dieser ort kurz darauf v. 142 thalamus genennt wird, so kann das μέγαρον auch hier in einer weitern bedeutung für das zimmer der frau im obern stockwerke gesetzt seyn.

Helena wohnt ebenfalls der hochzeits-
feier, die von Menelaus an einem tage
seiner tochter und seinem sohne be-
gangen wird, in Sparta bey, und ist
mit ihrer spindel dabey geschäftig. *)
Die königin Arete, Alcinous gemalin
in Phaeacien, finden wir eben so in
der gesellschaft der schmausenden
helden, bey denen sie noch mit ihrem
gatten am späten abend verweilt. **)
Man muſs indeſs gestehen, daſs es aus
Homer nicht ganz klar wird, ob die
weiber hier unter der männergesell-
schaft immer mitschmausten und tisch-
genossinnen waren; vielmehr scheint
das ferne gegenübersitzen der Penelope im saale der freier darauf zu
weisen, daſs der umgang der weiber
mit fremden männern sehr zurück-

*) Od. δ, 121.
**) Od. λ, 230, 35.

haltend war. Vorzüglich wurde der umgang mit fremden männern unverheiratheten mädchen verdacht. *) Diese lebten eingezogen im väterlichen hause bey ihrer mutter, von der sie im thalamus grofs gezogen wurden. **) Erwachsne töchter bewohnten auch wol einen eignen thalamus für sich, wie Nausicaa, die in ihren thalamus geht, wo ihre alte kammerbediente Eurymedusa ihr feuer anzündet und das essen bereitet; ***) eine stelle, welche zu beweisen scheint, dafs die königstochter nicht in gesellschaft ihrer familie, sondern allein für sich speiste. Überall waren aber wol die sitten nicht gleich strenge. So finden wir, dafs Äolus ganze familie,

---

*) Od. 2, 270.
**) Hes. E. 489.
***) Od. η, 13.

weiber und männer, beysammen schmausten, *) und Alcinous sagt zum Ulysses: Höre mich, damit du es andern helden wieder erzählest, wenn du in deinem hause schmausest bey deinem weibe und kindern. **)

Das weib verrichtete im hause alle diejenigen geschäfte, die noch itzt der weiblichen sorgfalt in den ständen, welche sich des hauswesens anzunehmen nicht schämen, anvertraut sind. Ein billigendes urtheil dieser einrichtung fällt der scharfsichtige verfasser des buchs über die weiber: „Bey den cultivirten völkern des alterthums waren die weiber hausfrauen, hausmütter, abhängig vom mann, nur für häusliche geschäfte und zur häuslichen gesellschaft bestimmt, und so

---

*) Od. κ, 60.
**) Od. θ, 242.

ward ihr charakter auch mehr der natur gemäs gestimmt." Das loos der weiber war es, auf alle angelegenheiten des hauses ein wachsames auge zu haben, die täglichen arbeiten unter die sklavinnen zu vertheilen, selber bey ihren geschäften des webens, spinnens und stickens zugegen zu seyn, die sklavinnen in diesen künsten zu unterrichten, an denen sie selbst antheil nahmen, über küche, vorrathskammer und die übrigen zimmer des hauses die oberste aufsicht zu führen. Die mehreste zeit waren sie nebst ihren mägden beschäftigt, künstliche gewebe und stickereien zu verfertigen, in welche sie allerlei scenen des heroischen lebens, als jagdstücke *) und thaten der helden, wirkten oder stickten. So

---

*) Ulysses mantel. Od. τ, 225.

ein gewand verfertigte Helena, in welchem die thaten der Achäer und Troër künstlich dargestellt waren. *) Die Phäaker zeichneten sich vorzüglich in den künsten weiblicher hände aus, und sie waren es, welche vorgaben, Pallas habe sie selbst in der kunst, wundervolle gewande mit klugem geiste zu wirken, unterrichtet. **) So wenig wir auch bestimmen können, wie vollkommen oder unvollkommen die kunst zu sticken damals seyn mufste, die doch einige regeln des zeichnens, genie, gebildeten geschmack u. s. w. voraussetzt, so wenig läfst uns die allgemeine bewunderung dieser weiblichen werke im hohen alterthum zweifeln, dafs man es wenigstens für jene zeiten sehr weit

¹) Il. γ, 26. vgl. Od. ε, 105.
*) Od. η, 106.

darin gebracht habe. Das weib, so
ganz auf ihr hauswesen eingeschränkt
und wenig durch eitelkeit, durch ver-
gnügungen und durch umgang mit
andern zerstreut, konnte es in den
geschäften ihres kleinen cirkels zu
einer desto größern vollkommenheit
bringen, und alle pflichten ihres be-
rufs mit desto mehr treue erfüllen.
Diese weiblichen arbeiten, vorzüglich
das weben und spinnen, sind es daher, die den charakter einer guten
hausfrau jener zeit vorzüglich bestimmen, und oft als haupttugenden der
weiblichen geschlechts gepriesen werden. Der werth derselben wurde dadurch erhöht, daſs diese kostbaren
gewänder nicht nur zu geschenken
an fremde dienten und auch den got-
heiten geweiht wurden, sondern, daſs
man sie auch oft zum andenken der

vorfahrinnen oder gattinnen im schoofse der familie bis auf die späten enkel heilig aufbewahrte, oder auch endlich, dafs sie von lieben händen verfertigt, geschenke der weiber an ihre männer, der töchter an ihre väter, waren. „War nicht darum, sagt der verfasser des buchs über die weiber, dem Hector das gewand so werth, das Andromache ihm gab, weil es die arbeit ihrer hände war?" Diese arbeiten, welche die gebieterinnen mit ihren sklavinnen theilten, wurden meistentheils in dem zimmer des obern stocks verrichtet; gerade, wie in den ritterzeiten in den wohnsitzen der reichen eigne zimmer für die frauen waren, die zu weiblichen arbeiten, besonders zum waschen und nähen, gebraucht wurden. Die aufsicht und herrschaft der weiber über ihr gesinde erwarben ihnen wahrscheinlich den ehrennamen der gebieterinnen, der ihnen, in rücksicht ihrer männer, nach der damaligen denkungsart gewis nicht zukam. Wir finden z. B. dafs Nestors gattin und der Arete diese namen ertheilt werden. *) Die übrigen geschäfte des hauses und der küche sind, eine allgemeine fürsorge und aufsicht ausgenommen, ganz den sklavinnen überlassen, und die gebieterinnen befassen sich nicht mit ihnen. Den umfang der geschäfte, die diesen oblagen, drückt Telemach gegen seine mutter aus: Gehe nun heim, besorge deine geschäfte, spindel und webestul, und treib in beschiedener arbeit deine mägde zum fleifs! **)

*) Od. γ, 403. η, 53.
**) Od. α, 356. φ, 350. Beispiele dieser weib-

Eine noch ehrwürdigere bestimmung des weibes war — die erziehung ihrer kinder, vorzüglich der kinder ihres geschlechts, die in dem beständigen umgang mit ihren lieben müttern nicht allein die für das frühere alter so nothwendige und wohlthätige pflege genossen, sondern auch dadurch von der ersten jugend an zum häuslichen leben eingeweiht und in die geschäfte des hauses — ihre dereinstige bestimmung — eingeleitet

lichen verrichtungen sind im Homer häufig. Nur einige der vornehmsten. Von der Andromache Il. χ, 441. 511. Penelope arbeitete ein leichentuch für Laertes Od. β, 99. Arete spinnend und webend Od. ζ, 50. 280. 305. η, 234. vgl. Od. ψ, 760 Pallas webt sich ein gewand Il. ε, 721. Steinerne weberstüle in der grotte der Nymphen Od. ν, 104. Aus Hesiod. E. 724 sieht man, dafs der aberglaube eine gewisse tagewahl, wo gut weben seyn sollte, machte.

wurden. Nachdem das kind von den göttinnen der geburt, den Ilithyien, nach dem damaligen glauben, ans licht gebracht war, *) wurde es gebadet und in binden gewickelt. **) Die eltern gaben ihm den namen, auch wol die mutter allein, wie z. b. der bettler Arnaeus von seiner mutter genannt ward. ***) Die erste nahrung genofs es an den brüsten seiner mutter. So ward Telemach von der Penelope, ****) und Hector von der Hecuba *****) gesäugt. Indefs ist es eine auffallende erscheinung, dafs man dessen ungeachtet schon damals bisweilen ammen hielt. Ulysses amme war die alte, von ihm so hoch ge-

*) Il. λ, 269. π, 187. H. Ap. 97.
**) Hom. H. Ap. 120.
***) Od. σ, 5.
****) Od. λ, 449.
*****) Il. χ, 81.

schätzte, Euryclea. *) Hectors kleiner Astyanax wird von einer amme erzogen. **) Auch war die alte wärterin der Nausicaa wahrscheinlich ihre milchamme gewesen. ***) Dionysus ward in Thracien von Nymphen genährt. ****) Metanira, Celeus, königs in Eleusis, gemalin, miethete eine alte frau zur amme für ihren geliebten kleinen knaben. *****) Wie selten oder wie häufig das ammenhalten im heroischen alter gewesen, läfst sich freilich aus diesen einzelnen beyspielen nicht mit sicherheit schliefsen: man müfste denn spätre griechische schriftsteller, die Tragiker, zur bestätigung des häufigen gebrauchs der

*) Od. τ, 352. 483.
**) Il. ζ, 384.
***) Od. η, 12.
****) Il. ζ, 133.
*****) Hom. H. Cer. 218. 226.

ammen in der heldenzeit anführen, bey denen diese so oft als nachmalige vertraute der heldinnen erscheinen. Über die ursachen des gebrauchs der ammen, die auch in den ritterzeiten bey den weibern der grofsen vorkommen, läfst uns Homer in ungewifsheit. Es konnte allerdings oft der blofse mangel der muttermilch und kränklichkeit der mutter, wie Feith *) vermuthet, das ammenhalten nothwendig machen. Wenn wir aber mit wahrscheinlichkeit annehmen dürfen, dafs dieses damals eine sehr gewöhnliche sitte war, so kann uns die lebens- und denkungsart der damaligen weiber vielleicht den schlüssel dazu geben: wenigstens werden meine muthmafsungen dem geiste jener zeit nicht widersprechen. Die weiber,

*) Ant. Hom. 2, 18, 2.

selbst der väter und könige des volks, waren verweserinnen eines grofsen hauswesens, die führung der wirthschaft, die aufsicht über die sklavinnen, bewirthung der gäste u. s. w. erfoderte ungemeine kraft, anstrengung und eine art von allgegenwart; kein wunder also, wenn sie die mühe des säugens, die sich mit den übrigen geschäften nicht vertrug, und ihre kräfte vielleicht würde erschöpft haben, so wie andre entkräftende arbeiten, auf sklavinnen hinabwälzten. Einen vielleicht noch triftigern grund meine ich in der herrschenden denkungsart, die jenen zeiten viele ehre macht, zu finden, dafs fruchtbarkeit ein grofser segen des himmels, und recht oft kinder zu gebähren eine grofse glückseligkeit sey. Unfruchtbarkeit wurde für ein unglück gehalten. *) Man darf sich nur an das beyspiel der Hecuba erinnern, die mutter von neunzehn söhnen war, **) um sich einen begriff von der fruchtbarkeit jener zeiten zu machen, wenn wir auch die vielen mythischen erzählungen von der fast unglaublichen fruchtbarkeit des heldenalters übergehen. Niobe war stolz auf ihre zwölf kinder, und erhob sich über Latona, die mutter von zwey kindern, von denen sie wegen ihres frevels gestraft wurde. ***) Äolus hatte auch zwölf kinder. Die weiber gebahren öfters noch, wenn sie schon betagt waren; daher so oft der im alter gebohrnen kinder erwähnung geschieht. ****) Diese fruchtbarkeit,

---

*) Hes. E. 227.
**) Il. ω, 496.
***) Il. ω, 602.
****) παῖς τηλύγετος Il. ι, 143. Od. δ, 11. ς, 19.

der stolz der weiber und die hofnung ihrer männer, mußte durch selbstsäugen, vorzüglich durch langes selbstsäugen, außerordentlich eingeschränkt werden, und den gebrauch der ammen, als stellvertreterinnen der für die nachkommenschaft besorgten mutter, sehr begünstigen. *) Aber auch

Bisweilen heißt auch τηλύγιτος der geliebteste, wie Il. γ, 175., weil die im alter erzeugten kinder vorzüglich von ihren eltern geliebt wurden, wie man z. b. aus Hom. H. Cer. 164 sieht.

*) Indem ich dieses schreibe, erhalte ich folgende auskunft über diese sache von einem arzte: ,,Gesunde personen werden durch das selbstsäugen nie geschwächt, wol aber vor zu häufigen, zu kurz auf einander folgenden schwangerschaften geschützt. Die fruchtbarkeit der weiber ist freilich mehrentheils während des säugens gehemmt. Aber eben, daß schwangerschaft nicht auf schwangerschaft folgt, ist der gesundheit und selbst der fruchtbarkeit so nützlich." Gesetzt also, selbstsäu-

die ammenhaltenden mütter hielten sich deswegen nicht berechtigt, die pflege und erziehung ihrer kinder einzig sklavinnen zu überlassen. Obgleich diesen die sorge für die erziehung mit oblag, so blieb doch wol die mutter immer die haupterzieherin. Man weis, mit welchem warmen mutterherzen, das selbst unsern zeiten ehre machen würde, Andromache an ihrem kleinen, einzigen liebling hing, der, nebst ihrem gatten, das glück ihres lebens ausmachte! Wie sie ihn auf ihre arme setzte und an ihren busen drückte, lächelnd mit weinenden augen! *) Und so gab es

gen schade der fruchtbarkeit nicht eigentlich, so kann doch der schein die weiber jener zeit leicht zum ammenhalten verleitet haben.

*) Il. ζ, 484. Der ausdruck: δακρυόεν γελάσασα ist unübersetzbar, so wie die seelen-

gewis noch mehr mütter, die, dieser zarten weiblichen seele ähnlich, sich mit der innigsten anhänglichkeit an die, welche sie unter ihrem herzen getragen, anschmiegten, und, mit sorgsamer zärtlichkeit, wie Homer *) sagt, eine fliege von ihrem schlummernden kinde zurückscheuchten! Welche wahrheit und welche natur ist nicht in der vergleichung des weinenden Patroklus mit einem kleinen mädchen, das hinter der mutter läuft, sie beim gewande zupft und, sie auf den arm zu nehmen, fleht: sie hält die eilende auf, und blickt zu der mutter mit thränen empor, bis sie

stimmung dieser einzigen mutter und gattin, welche in jenen worten unübertreffbar dargestellt wird, sich leichter empfinden, als beschreiben läfst.

*) Il. Ϡ, 130.

von ihr aufgenommen wird! *) Schwächer war die liebe der stiefmütter gegen die kinder, wie die erfahrung aller zeiten schliefsen läfst, wenn es auch jene redensart beym Hesiod: **der tag ist bald eine stiefmutter, bald eine mutter** **) nicht zu erkennen gäbe. Diese erziehung scheint bis in die jahre der mannbarkeit, in denen mädchen und knaben verheirathet wurden, fortgedauert zu haben. So wurde Eumaeus von Laërtes gattin, Euryclea, nebst der jüngsten tochter, Ctimene, bis in die blüte der jahre erzogen, wo diese von den eltern verheirathet, jenem aber auf dem lande die aufsicht über die schweinheerden übergeben wurde. ***)

*) Il. π, 7.
**) E. 770.
***) Od. ɛ, 354.

Nach einem alten mythe, bey Hesiod *) wurde ein knabe im silbernen zeitalter hundert jahre bey seiner mutter im hause genährt und erzogen. Eben dieser dichter erwähnt des zarten mädchens, das, noch unbekannt mit den werken der goldnen Aphrodite, im hause bey der lieben mutter bleibt. **) Man darf durchaus bey dieser erziehung des heroischen zeitalters nicht an eigentlichen unterricht, sondern an körperliche pflege und auferziehung der jungen pflanzen zu wohlgestalteten bäumen denken. Wenigstens erstreckte sich wol der einfluſs der weiber auf ihre kinder nicht viel weiter als auf ausbildung des körpers und anleitung der mädchen zu häuslichen verrichtungen, wo-

*) E. 115.
**) E. 489.

mit wir sie, eben so wie die mütter, beschäftigt finden. Man machte es dabey den kindern zur pflicht, sich dereinst dankbar der elterlichen pflege zu erinnern, und vater und mutter die treue sorgfalt zu vergelten. *) Das verhältnifs der söhne gegen ihre mütter lernen wir vorzüglich aus Telemachs beyspiele kennen. Sobald der sohn erwachsen war, stand er nicht mehr unter der herrschaft seiner mutter, sondern er konnte, wenn der vater todt oder abwesend war, für sich freien, sein hauswesen selbst verwalten, über die sklavinnen gebieten, und, war seine mutter wittwe, sie entweder zu ihrem vater zurückschicken, **) oder ihr selbst einen

---

*) θρέπτρα, θρεπτήρια. Il. δ, 478. Ruhnk. ad H. Cer. 168.
**) Od. β, 130.

mann geben. *) Überhaupt scheint er völlige gewalt über seine mutter gehabt zu haben. Indefs, wenn wir aus Telemachs beyspiele schliefsen dürfen, so hegten die söhne die innigste liebe und achtung für ihre mutter, die Telemach nie mit einem worte beleidigt. Zwar gab er, zum gefühl der manneskraft gekommen, seine herrschaft im hause zu erkennen, ermahnte seine mutter, an ihre geschäfte zu gehen, und ihm waffen und bogen zu überlassen: **) aber dennoch liebte er sie zärtlich, und scheute das urtheil der götter und menschen, wenn er die mutter mit harten worten aus dem hause treiben wolle. ***)

*) Od. α, 292.
**) Od. α, 345. φ, 346.
***) Od. β, 133. υ, 339.

Obgleich der wirkungskreis der weiber im heldenalter eigentlich und am meisten auf die angelegenheiten des hauses eingeschränkt war, so nahmen sie doch auch bisweilen antheil an öffentlichen geschäften. Vorzüglich findet man sie bey feierlichen opfern gegenwärtig, die sie theils allein und für sich bringen, oder wobey sie mit ihren männern zugleich anwesend sind. Hector heifst seiner mutter Hecuba, mit den übrigen matronen von Troja, der Pallas auf der Acropolis, in ihrem tempel, den schönsten Peplus weihen, und ihr ein opfer von zwölf stieren zu geloben, wenn sie der stadt und der weiber und kinder von Troja sich erbarme. *) Sie ziehen hierauf in Pro-

---

*) Il. ζ, 86. 269. η, 291.

cession nach dem tempel, den die priesterin Theano eröffnet, welche das gewand der göttin auf den schoos legt, betet und opfer gelobt. *) Wir erfahren durch diese erzählung, dafs die göttinnen auch weibliche priester hatten; und dafs diese verheirathet seyn durften, lehrt das beispiel der Theano, welche Antenors aus Thracien gattin war, und mit ihm einen sohn Iphidamas erzeugt hatte. **) Vielleicht war auch Cassandra, die, beym hinaufsteigen nach Pergama, ihren vater mit Hectors leichname, wie er aus dem lager der Griechen zurückkehrt, zuerst erblickt, ***) eine priesterin der Pallas: wenigstens ist sie von spätern schriftstellern dazu

*) Il. ζ, 297.
**) Il. ζ, 298. λ, 225.
***) Il. ω, 699.

gemacht worden. *) Aber eben diese Cassandra begehrte Othryoneus zur gemalin. **) Ein andres opfermahl beging Nestor dem Poseidon zu ehren, wobey die töchter und schwiegertöchter und Nestors gemalin Eurydice beteten. ***) Dionysus nährerinnen in Thracien feierten Bacchusfeste mit Thyrsusstäben in der hand; weswegen sie vom könig Lycurg verfolgt wurden. ****) An den opfertänzen nahmen die weiber ebenfalls antheil, und Hermes verliebte sich in die zierlich tanzende Polymele, die er unter den singenden und tanzenden jungfrauen im reigen der Artemis erblickte. *****) Ulysses sagt zur Nau-

*) Virg. Aen. 2, 403. und daselbst Heyne.
**) Il. ι, 365.
***) Od. γ, 452.
****) Il. ζ, 133.
*****) Il. π, 183.

sicaa: vater, mutter und brüder werden von wonne erfüllt, wenn sie dich in jugendlicher blüte sehen zum reigen einhergehn. *) Überhaupt näherten sich beide geschlechter einander vorzüglich bey festen und feierlichen tänzen; sie mochten nun einer gottheit zu ehren, und an bestimmten volksfesten, oder bey hochzeiten angestellt werden. So trugen z. b. knaben und mädchen bey einer weinlese die trauben in geflochtnen körbchen. Unter ihnen spielt ein knabe die cither, welchen gesang und jauchzen und tanz begleiten. **) Wahrscheinlich gehörte dieses tragen der trauben in körbchen nicht zur weinlese selbst, da die träger ausdrücklich von diesen knaben und mädchen unter-

*) Od. ζ, 255.
**) Il. σ, 569.

schieden werden, *) zumal, da arbeit und tanz wol nicht mit einander verbunden seyn konnten: vielmehr scheinen die tänzer, mit anspielung auf das fest, ungefähr wie die Kanephorae zu Athen, körbchen mit den früchten getragen zu haben. Auf dem schilde des Achill war ein Daedalustanz vorgestellt. Jünglinge und jungfrauen tanzten ihn mit verschlungenen armen; bald drehten sie sich in schnellen kreisen herum, bald liefen sie reihenweise gegen einander. Zwey herrliche tänzer stimmten dazu den gesang an, und drehten sich durch die reihen. Die mädchen waren in feine linnengewänder gekleidet und mit kränzen geschmückt: die jünglinge, mit feinen, glänzenden gewändern angethan, hatten goldne schwerd-

*) Il. r, 566.

ter an den hüften hangen. *) Daſs man bewaffnet auch bey diesen freudenfesten erschien, um sich im nothfall gleich im vertheidigungsstande zu befinden, wie Goguet meint, läſst sich durch die analogie mehrerer alten völker, die beständig in waffen waren, bestütigen: indeſs scheinen mir die goldnen schwerdter, an silbernen riemen hängend, vielmehr einen gewöhnlichen heldenschmuck, wie das scepter bey den Heroën war, als waffen zu abwendung der gewaltthütigkeiten anzukündigen. — Bey hochzeiten machte der tanz eine der vornehmsten feierlichkeiten aus. Männer und weiber tanzten im hause; **) und am abend, wenn die braut ihrem gatten zugeführt wurde, ward sie von

*) Il. σ, 590.
**) Od. ψ, 120. 147.

einem chore tanzender weiber und jünglinge begleitet. Die weiber führten beim klange der cither den fröhlichen reigen an. *)

Überhaupt war die erscheinung eines weibes an öffentlichen orten keine seltenheit. Die Troërinnen waren in grofser anzahl auf dem Scaeischen thore von Troja versammelt; **) und, als Hector herein in die stadt kam, umringten sie ihn, nach ihren söhnen, brüdern, verwandten und gatten fragend. ***) Als Priamus mit der leiche seines sohnes aus dem lager der Griechen heim kehrt, laufen alle weiber, Hectors leichnam zu sehen, heraus. ****) Die königin

---

*) Hes. 'A. 273.
**) Il. γ, 384.
***) Il. ζ, 238.
****) Il. ω, 707.

Arete ward vom volk mit lautem zuruf empfangen, wenn sie durch die Stadt ging. *) Nur gebot sitte und wohlstand den weibern, sich verschleiert und in begleitung einer oder einiger sklavinnen öffentlich darzustellen. Gewöhnlich finden wir sie von zwey oder drey mägden begleitet. **) Helena geht in Troja mit zwey begleiterinnen aus; ***) bey der hochzeit ihrer tochter erscheint sie mit drey sklavinnen; ****) sie läfst sich sogar, welches sehr merkwürdig und ein beweis der ämsigkeit der dama-

*) Od. η, 72.
**) Od. α, 528. σ, 181. 206. Penelope kam zwar nicht oft in den saal, wie sie selbst sagt Od. ο, 515., indefs finden wir doch mehrere beyspiele von besuchen, die sie den freiern macht z. b. Od. π, 409. ς, 156. υ, 387.
***) Il. γ, 80.
****) Od. δ pr.

ligen weiber ist, spindel und wollkörbchen in den versammlungssaal bey der hochzeit bringen, um daselbst zu arbeiten. *) Andromache geht mit der einzigen wärterin, die den kleinen knaben auf dem arme trägt, nach dem thurme von Ilium, und begegnet ihrem gatten nahe am Scaeischen thore, wo der rührendste auftritt zwischen zwey liebenden seelen erfolgt. Das einzige beyspiel in seiner art kommt von der Helena vor, die, von einer mannsperson, dem Deiphobus, begleitet, zu dem mit griechischen helden angefüllten rosse kam, und durch nachahmung der stimmen ihrer weiber sie, sich zu verrathen, in versuchung brachte. **) Unverheirathete mädchen scheint man, welches

*) Od. δ, 121.
**) Od. δ, 276.

zu verwundern, weniger strengen regeln des wohlstandes unterworfen zu haben. Sie bedurften nicht allein des männerschutzes nicht, um sich öffentlich sehen zu lassen — ein beweis von gesittetheit der zeit *) — sondern sie waren vielleicht nicht einmal der nothwendigkeit unterworfen, ihre sklavinnen hinter sich her ziehen zu lassen. Wenigstens sehen wir z. b. jene Lästrygonische königstochter al-

---

*) die natürlich doch nicht alle unordnung ausschliefst. So finden wir beyspiele von freien weibern, die durch räuber entführt und verhandelt werden. Hom. H. Cer. 130. Jene Phoenicierin ward von fremden kaufleuten verführt, ihren herrn zu berauben und mit ihnen zu ziehen. Od. o, 402. Entführungen aus liebe sind auch nicht selten. Helena ward von Paris Il. β, 355. 589. γ, 444. 481. Cleopatra von Phoebus ι, 541. Ariadne von Theseus Od. λ. 322. und Medea von Jason geraubt Hes. Θ. 992.

E

lein wasser außer der stadt holen; *) Celeus vier töchter gehen ebenfalls ohne sklavinnen hinaus, wasser in irdne krüge zu schöpfen; **) und Arete fährt, öhne männliche begleitung, mit ihren dienerinnen, die wahrscheinlich aus lauter jungen mädchen bestanden, zur wäsche an den fluß. ***) Von dem kostbaren aufwande der spätern zeit, in welcher die Griechinnen jederzeit mit einem großen gefolge von sklavinnen erschienen, weis die anspruchslose einfalt des heroischen zeitalters nichts. — Wir finden nur wenige beyspiele, daß sich weiber unter einander besuchten. Hecuba war im thalamus ihrer tochter Laodice gewesen, als ihr Hector

*) Od. x, 105.
**) H. Cer. 99. 160.
***) Od. ζ, 77.

begegnete. *) Der Penelope erscheint im traum ihre schwester, Iphthime, welche sie sonst nicht zu besuchen pflegte. **) Dymas tochter, eine freundin und gespielin der Nausicaa, erscheint dieser im schlaf, und ermahnt sie, ihre wäsche zu reinigen, wobey sie ihre hülfe anbietet. ***) Thetis besuch beym Hephaistos giebt uns ein gemälde von der art und weise, wie man weiber empfing. Charis, Hephaistos gemalin, nimmt die göttin bey der hand, freut sich über einen so seltnen gast, dem sie auch gastgeschenke anbietet. Sie setzt der göttin einen zierlichen thron nebst fussschemel, und ruft ihren gatten, der seiner frau befiehlt, der Thetis ein

---

*) Il. ζ, 245.
**) Od. δ, 797.
***) Od. ζ, 15.

köstliches mahl zu bereiten, seine arbeit sogleich stehen läfst, sich wäscht, ankleidet, das scepter nimmt, und zur göttin kommt, neben der er sich auf den thron setzt, sie bey der hand fafst und nach ihrem begehren fragt. *)

Die geschäfte unverheiratheter mädchen waren vermuthlich fast dieselben, welche den müttern oblagen, denen sie, nach ihrem vermögen, wol beystehen mufsten. Die königstöchter zu Eleusis gehen selbst hinaus vor die stadt, um wasser aus dem brunnen zu schöpfen. Die reinigung der wäsche wird von der Nausicaa mit ihren sklavinnen besorgt; sie fährt auf einem mit maulthieren bespannten wagen ihre wäsche dahin, wäscht und trocknet sie mit ihren

*) Il. σ, 380.

gefährtinnen; sie laben sich durch mitgenommene speise und trank, singen dann unter sich und vergnügen sich mit dem ballspiel. *) Sonst verrichteten aber auch die verheiratheten weiber dieses geschäft. Bey Troja waren zwey quellen, die eine mit warmem, die andre mit kaltem wasser, wo die weiber und töchter der Troër in steinernen badewannen ihre gewänder im frieden zu waschen pflegten. **) Das waschen, ankleiden und salben der fremden, das eigenthümliche geschäft der sklavinnen, scheint auch bisweilen von freien mädchen verrichtet worden zu seyn. Nestors jüngste tochter, die schöne Polycaste, badete den jüngling Telemach, salbte ihn hierauf mit öle und

---

*) Od. ζ, 70.
**) Il. χ, 153.

umhüllte ihn mit dem mantel und leibrock. *) Dies war vielleicht eine ganz besondre ehre, die gästen widerfahren konnte, und die ebenfalls dem Ulyſs zu theile wurde. Circe bekleidete ihn, **) und Helena wusch ihn. ***) Man würde den geist jener zeit verkennen, wenn man aus dieser sitte auf wollust oder leichtfertigkeit eines volks schlieſsen wollte; da vielmehr gerade dieser unbefangne umgang der mädchen mit fremden männern und das baden und salben derselben den sittenforscher auf unschuld

---

*) Od. γ, 464. Τηλέμαχον λοῦσεν etc. Indeſs bleibt auch die erklärung möglich: λοῦσεν sey lavare fecit, lieſs ihn durch die sklavinnen baden; in welcher bedeutung auch gesagt wird, Nausicaa habe den Ulyſs gebadet Od. η, 296.
**) Od. κ, 543
***) Od. δ, 252.

und einfalt der sitten führt. Man mag immer in diesen und dergleichen geschäften und sitten der weiber, wie auch in jener erzählung, daſs Andromache eher die pferde ihres mannes als ihren mann verpflegt habe *) — ein charakteristischer zug einer guten hausfrau, die dabey eine sehr zärtliche gattin seyn kann — bäurische plumpheit und unanständigkeit des betragens finden: genug, die theilnahme der vornehmsten prinzessinnen und weiber an allen geschäften des hauses und der geringe abstand zwischen den gebieterinnen und den sklavinnen erweckt ein sehr günstiges vorurtheil für die einfalt und biederkeit der damaligen sitten. Und, pflegten nicht in den ritterzeiten die jungen frauenzimmer der hochgepries-

*) Il. ϑ, 186.

nen Celtischen völker auf eine ähnliche art bey der rückkehr von turnieren und feldzügen den rittern die waffen abzunehmen, ihnen frische kleidung und wäsche zu überreichen, und ihnen bey tische aufzuwarten? *)

Die nahrungsmittel der helden waren noch sehr einfach, und bestanden gröſstentheils in fleischspeisen, die, der kraftfodernden bestimmung eines kriegers angemessen, muth, stärke und wildheit beförderten. Man könnte zweifeln, ob überall das weibliche geschlecht an dieser kost antheil genommen (zumal, wenn man voraussetzt, daſs dieses gewöhnlich nicht mit den männern an einer tafel gegessen:) wir haben wenigstens keine ausdrückliche zeugnisse dafür. Dagegen wird erzählt, daſs Arete

*) S. Palaye 1, 11.

ihrer tochter, die zur wäsche fährt, allerley süfse speise und gemüse in ein körbchen gelegt und wein mitgegeben habe. *) Das weintrinken war weibern also nicht untersagt; Ulysses reicht selbst der Arete beim abschied den becher mit wein, **) und Metanira reicht der alten, die in ihr haus kommt, einen becher mit rothem, süfsem weine dar, den sie aber aus traurigkeit verschmäht, ***) und um einen trank von mehl, wasser und gestofsnen kräutern bittet. Einen solchen trank bereitete zur auffrischung der erschöpften kräfte Hecamede dem Nestor und Machaon; ****) und Circe mischt Ulysses gefährten ein getränk

---

*) Od. ζ, 77.
**) Od. ν, 57.
***) Hom. H. Cer. 206.
****) Il. λ, 623. 641.

aus wein, mehl und käse. *) Noch merkwürdiger ist jener schmerzstillende trank, den Helena ihren gästen, Telemach und Pisistratus, Nestors sohne, bereitet: **)

Sie warf in den wein, wovon sie tranken, ein mittel
gegen kummer und groll und aller leiden gedächtnifs.
Kostet einer des weins, mit dieser würze gemischet;
dann benetzet den tag ihm keine thräne die wangen,
wär ihm auch sein vater und seine mutter gestorben,
würde vor ihm sein bruder und sein geliebtester sohn auch
mit dem schwerdte getödtet, dafs seine augen es sähen. ***)

*) Od. κ, 233.
**) Od. δ, 220.
***) Nach Vossens übersetzung.

Helena hatte die kunst, solche labetränke zu bereiten, in dem an heilsamen und schädlichen pflanzen reichen Ägypten von der Polydamna, Thons gemalin, erlernt. Überhaupt scheinen sich die weiber häufig mit mischung der pflanzensäfte zu heilmitteln abgegeben zu haben. Nestor rühmt von der Agamede, der ältesten tochter Mulius, sie habe alle die heilenden kräuter gekannt, die aus dem schoofse der erde hervorgehen. *) Auf Achills schilde war unter andern eine erndte vorgestellt, bey welcher die weiber, vermuthlich sklavinnen, den schnittern ein mahl, von mehl gemischt, zubereiteten. **) Folgende beschreibung eines gastmahls am tage nach der hochzeit, die Menelaus sei-

*) Il. λ, 738.
**) Il. σ, 559.

nen kindern ausgerichtet hatte, giebt Homer. *) Die gäste gingen ins haus des königs; sie brachten schafe und wein mit, und ihre mit dem schleier geschmückten weiber trugen gebacknes. Ich weis nicht, ob man sich daran gestofsen hat, dafs die gäste ihre speisen mitbringen, oder, dafs ihre weiber mit beim schmause erscheinen: kurz, man hat aus der einen oder der andern ursache sich bewogen gefunden, anzunehmen, dafs hier nicht von gästen, sondern von köchen **) und ihren weibern die

---

*) Od. δ, 620.

**) Das griechische δαιτυμόνες erklärt schon Eustath durch δαιτροί, gegen den Homerischen sprachgebrauch, nach welchem δαιτύμων einen gast bedeutet. Od. η, 102, 148. ι, 7. Δαιτρός heifst dagegen der koch oder der sklav, der die portionen fleisch vertheilt Od. ζ, 331.

rede sey. Allein, zu geschweigen, dafs der redegebrauch diese erklärung nicht begünstigt, ist es auch unwahrscheinlich, dafs die köche in jenen zeiten, wo man blos unverheirathete sklaven und sklavinnen hielt, weiber sollten gehabt haben. Ich finde daher kein bedenken, die stelle von einem piknik, dergleichen auch sonst im Homer *) vorkommt, zu verstehen, zu dem jeder gast seinen antheil von speisen und getränke mitbrachte oder bringen liefs. Die männer konnten wol so gut ihr vieh und ihren wein selbst mitbringen, als die freier der Penelope selbst schlachteten und brieten; und, thaten jenes die männer, so war es ja wol auch nicht unter der würde ihrer weiber, das brodt und gebackne selbst in das

*) Od. α, 226. λ, 414.

haus des schmauses zu tragen, an dem sie also wahrscheinlich auch mit ihren männern antheil nahmen.

Die an sich unschuldige begierde zu gefallen, ist allen weibern eigen; daher auch die liebe zum putz, *) in welchem das andre geschlecht, vermöge seines zärtern sinnes fürs schöne und für kleinliche beschäftigungen, so erfinderisch ist. Wir sehen auch bey den weibern des heroischen zeitalters diese sorgfalt fürs äußerliche, die ein üppiges volk zu verrathen scheinen möchte, wüsten wir nicht aus der völkerkunde, daß auch die rohesten nationen in der verzierung ihres körpers sich sehr gefallen. Ein kurzes verzeichniß der weiblichen garderobe im heldenalter ist für meinen zweck hinreichend. Sie

---

*) Er heißt κόσμος im Homer Il. ξ, 187.

trugen ein langes, faltiges und nachschleppendes gewand, das gemeiniglich peplus genannt wird, und, von welchem die Troërinnen den beynamen der weiber mit schleppendem gewande führen. *) Es war von feinen stoffen, mit goldfäden durchzogen, und gestickt. Auf der brust wurde es mit einer nadel befestigt. **) Es werden an einem peplus zwölf goldne nadeln nebst ringen oder spangen, durch die jene gesteckt wurden, erwähnt. ***) Die hüften umgab eine breite scherpe, die zur verzierung und

---

*) ἑλκεσίπεπλοι Il. ζ. 447. Helena τανύπεπλος Il. γ, 228. Ob φᾶρος vom peplus verschieden war, ist ungewis. Od. ι, 231. — ὀθόναι λεπταὶ Il. γ, 141. σ, 595 scheinen dasselbe zu bedeuten.

**) Il. ι, 425. ξ, 180. Andre nadeln heifsen auch πορπαὶ Il. σ, 401.

***) Od. σ, 292. Die ringe heifsen κληῖδες.

zur zusammenfassung des großen gewandes diente. *) Diese scheint so gebunden gewesen zu seyn, daß sie hohe falten an der brust schlug; daher das beywort der hochgegürteten weiber im Homer. **) Nicht allein verheirathete weiber, sondern auch jungfrauen, bedienten sich dieses gürtels. ***) Man ließ das gewand tief bis auf den fuß herabreichen; nur beim schnellen laufen scheint man es heraufgezogen oder gegürtet zu haben, um ungehinderter fortkommen zu können. Celeus töchter, eilend, dem alten mütterchen die einladung ihrer mutter Metanira zu

---

*) ζώνη Il σ', 181. Od. ε, 231
**) βαθύζωνος, βαθύκολπος, εὔζωνος, καλλίζωνος. Gegürtete kleider hießen vielleicht ζῶστρα, oder auch waren dies die gürtel selbst. Od. ζ, 38.
***) Od. λ, 244.

bringen, ziehen z. b. im laufen die falten ihrer schimmernden gewänder hinan. *) Auf dem kopf trugen die weiber einen schleier oder eine art von zusammengeschlagner kopfbinde, die, heruntergeschlagen, das ganze gesicht bedeckte. **) Die haare trugen die mädchen bald fliegend und über den nacken herunterfallend, wie Celeus töchter, ***) bald durch einen besondern kopfputz zusammengefaſst. ****) Man flocht auch die haare, und schlug sie in künstliche Locken, wie das beispiel der Here lehrt. *****) Bey feierlichen gelegen-

---

*) Hom. H. Cer. 176.
**) καλύπτρα Od. ι, 232. Hes. Θ, 574. κρήδιμνον Il. ξ, 184. Od. α, 334. Mehrere arten von kopfzeug werden Il. χ, 468 genannt.
***) H. Cer. 177.
****) ἄμπυξ Il. χ, 469. κάλυκες Il. σ, 401.
*****) Il. ξ, 175.

heiten, als in chortänzen, bekränzten die mädchen ihr haar mit blumen des frühlings. *) Die ohren schmückte man mit ohrgehängen von edlen steinen. **) Um den hals trug man goldne und zum theil mit electrum besetzte bänder. ***) Daſs man solen unter die füſse gelegt, scheint aus dem beyspiele der Here zu erhellen, die sich dieser art von schuhen bedient. ****) Der ganze weibliche schmuck, kleider und geschmeide, wurde damals in schönen kisten aufbewahrt, und die kleidungen dufteten, so wie der thalamus selbst, nach morgenländischer sitte, von wohlriechen-

---

*) Il. σ', 597. Hes. E. 75. ςιφάναι.
**) ἕρματα Il. ξ, 182. Od. σ, 296. ἕλικες Il. σ, 401.
***) ὅρμος Il σ, 401. Od. δ', 294. Hes. E. 74. ἴσθμιον Od. σ, 299.
****) Il. ξ, 186.

den salben. Die kleider verfertigten die frauen mit ihren dienerinnen selbst, schmuck erhielten sie von ihren freiern, wie Penelope, oder waren auch befugt, sich welchen zu kaufen. In das haus des königs Ctesius in Syria kamen Phönicische kaufleute mit einem goldnen halsgeschmeide, besetzt mit electrum, welches die königin und die mägde mit den händen betasteten, aufmerksam besahen und darum handelten. *) Zu der sorge für äufserliche reinheit und nettheit gehört auch das so häufige, besonders warme baden der weiber, dessen bey mehrern gelegenheiten im Homer erwähnung geschieht. Der Penelope empfehlen ihre weiber zu verschiednen malen, wenn sie sich den freiern oder dem wieder heim gekehrten

*) Od. ο, 459.

Ulysses zeigen soll, sich zu baden, zu salben und neu zu bekleiden. *) Ein vielleicht jüngerer aberglaube war es, wenn man es männern für gefährlich hielt, sich in weiblichen bädern zu waschen, **) welcher doch seinen guten sittlichen grund haben mochte. Salben verschwendete man an allem, womit man umgeben war, auch an dem körper, den haaren, wangen und den augen; es wurden dadurch wohlgerüche verbreitet, und der glanz der haut und der gesichtsfarbe erhöht. ***) Diese äuſserliche, sehr unschuldige, sorge für den körper und die verschönerung desselben ist nichts weniger als Koketterie, von welcher und den

---

*) z. b. Od. σ, 170.
**) Hes. E. 698.
***) παρειὰς, βλέφαρα ἀλείφειν. Od ζ, 79. Hes. A. 6. E. 492.

künsten der eroberung das zeitalter, von dem wir sprechen, noch keinen begriff zu haben, scheint. Man würde mit unrecht dafür anführen, was Antinous der Penelope zur last legt: **Allen verheifst sie gunst, und sendet jedem besonders schmeichelnde botschaft; allein im herzen denket sie anders;** *) denn Penelope that dies nicht, dadurch die herzen der freier mehr an sich zu fesseln, sondern, sie hatte andre listige absichten dabey.

Dafs weiber nicht männlichen muth und tapferkeit haben, dafs sie sogar keine ansprüche darauf machen sollen, erkannte man allgemein. Daher heifsen sie dem Homer die schwachen weiber; **) daher heifst

---

*) Od. β, 87.
**) Il. ι, 349.

Hector seine geliebte Andromache, und Telemach seine verehrte mutter an ihre weibliche geschäfte gehen, und die sorge für den krieg den männern überlassen; *) daher ruft selbst vater Zeus der Aphrodite zu: dir sind nicht die werke des kriegs, sondern die lieblichen werke der hochzeit gegeben! **) Blos daher der ausdruck: ein weib, das nicht kennt die werke des kriegs, ***) und jene verächtliche worte des Hector zu Diomed: du bist einem weibe gleich, feiges mädchen; ****) und des Diomed zu Paris: ich achte deine wunde so wenig, als wenn mich ein weib oder ein unverständiger knabe träfe! *****)

*) Il. ζ, 491. Od. φ, 352.
**) Il. ι, 428.
***) Il. η, 235.
****) Il. Θ, 163.
****) Il. λ, 389.

Dessen ungeachtet finden sich spuren von männlichem, sogar von heldenmuth, unter weiblichen seelen. Nausicaa regiert allein den wagen und die rosse; *) und auf Achills schilde war eine belagerte stadt vorgestellt, in welcher weiber, kinder und greise die mauern beschützten; **) zu geschweigen, daſs ein ganzer weiberstaat der Amazonen, die mit vor Troja zogen, ***) sich durch heldenthaten den ehrennamen der männergleichen ****) erwarben. Endlich vertilgte sie doch ein einziger mann, Bellerophon. **) Immer blieb aber, wie es auch die ordnung der natur mit sich bringt, das weib der schutz-

*) Od. ζ, 80.
**) Il. σ, 514.
***) Il. γ, 189.
****) ἀντιάνειραι.
*****) Il. ζ, 186.

bedürftige, der mann der schutzverleihende theil der gesellschaft. Man streitet im kriege für weiber und kinder, die, sich selbst zu beschützen, unvermögend sind, und Sarpedon macht es daher dem Hector zum vorwurf: er stehe da, und befehle nicht den truppen stand zu halten, und die weiber zu vertheidigen. *) Andromache nennt, bey der klage über Hectors fall, ihren gatten den schützer der klugen weiber und zarten kinder. **) Wenn ihr auch fallt, sagt Hector zu den Troërn, so wirds euch doch nicht zur schande gereichen, in des vaterlands sache für weib und kinder zu streiten. ***)

---

*) Il. δ, 480.
**) Il. ω, 725.
***) Il. ο, 497.

Heftige ausbrüche aufwallender leidenschaften und empfindungen sind vorzüglich rohen völkern eigen, welche, sich zu mäfsigen, noch nicht gelernt haben. Ihnen sind aber auch unter gebildetern völkern am meisten die weiber mit ihrer erhöhten reizbarkeit und empfindlichkeit unterworfen. So viele beyspiele im Homer bestätigen dies. Vorzüglich sind die ausbrüche des schmerzes unbändig, und gränzen oft nahe an wuth. Man denke nur an den jammer der Andromache über den tod ihres theuren gatten, an die klagen der Hecuba und aller Troërinnen über Hectors fall! Sie bestreuen ihr haupt mit asche, reifsen sich das haar aus, zerreifsen ihre wangen und gewänder, zerschlagen den busen, und brechen in lautes, schreckliches klaggeschrey aus. *) Rachsucht, mordlust und freude am untergang andrer gewähren ein so fürchterliches schauspiel, von welchem sich jedes menschliche gefühl wegwendet; und doch kann das gemüth des zärtesten, weich geschaffnen geschlechts durch tief erlittne kränkungen so in flammen gesetzt werden, daſs es sich diesen fürchterlichsten aller leidenschaften überläſst. Althaea verflucht ihren sohn; **) Clytaemnestra mordet die Cassandra, und sieht mit kaltem blute, wie ihr

---

*) Beyspiele von heftigem gram und von trauer der gattin über den erblaſsten gatten, der tochter über den vater, der mutter über den sohn, und der schwester über den bruder, sind im Homer sehr häufig. Man s. Il. β, 700. ι, 412. ζ, 496. λ, 390. σ, 125. τ, 285. χ, 450. ω, 166. 299. 692. 699. 748. 762. Od. α, 328. θ, 523. ν, 333. ξ, 126. ο, 354. τ, 170. ω, 292.

**) Il. ι, 551.

gatte hingerichtet wird; sie wendet sich von ihm ab, ohne seine augen zuzudrücken, und ohne ihm die kalten lippen zu schliefsen; *) Euryclea, Ulysses treue amme, triumphirt über den anblick der in ihrem blute schwimmenden freier; eine unmenschliche freude, die ihr selbst der urheber des blutbades, Ulysses, verweist! **) Hecuba, untröstlich über den schmählichen tod ihres geliebten Hector, thut den eines Kanibalen würdigen wunsch: könnt' ich mit zähnen an der leber des Achill hangen, sie aufzuzehren, um meinen tapfern sohn an ihm zu rächen! ***) Und dies wünscht eine frau, die sonst so edel dachte, so fein empfand! Jähzorn

*) Od. λ, 412.
**) Od. χ, 408.
***) Il. ω, 212.

und aufbrausende hitze reifsen die menschen am leichtesten zu übereilten handlungen hin; sie sind aber, wie zanksucht und unfriede überhaupt, in ihrer ganzen stärke unter menschen, vorzüglich weibern, der niedrigsten stände anzutreffen, und von ihnen ist es wol zu verstehen, was Homer von schmähreden erhitzter weiber spricht, die auf die strafse treten, und herznagende worte, wahr und falsch, wie es ihr zorn ihnen eingiebt, gegen einander ausstofsen. *) Wenden wir lieber das auge von diesen scenen weg, die uns im ganzen nichts weiter lehren, als dafs, wie noch heute, die weiber der damaligen zeit sich oft von sehr heftigen leidenschaften des schmerzes, der rache, des zorns zu den verderblichsten an-

*) Il. v, 252.

schlägen und handlungen hinreifsen liefsen!

Das erste weib, welches Zeus zum verderben der menschen gesandt haben soll, war, einem alten mythe zu folge, Pandora. Hephaistos bildete sie aus erde und wasser, und gab ihr stimme und kraft, so, dafs sie einer schönen jungfrau glich; die Charitinnen zierten sie mit allen liebreizen; Aphrodite begabte sie mit dem heftigen verlangen der liebe und mit seelennagenden sorgen; Pallas lehrte sie die künste des webens, aber Hermes verlieh ihr lügenhafte, glatte worte und einen betrügrischen, hündischen sinn. *) Von ihr stammt das ganze geschlecht der weiber ab, fährt Hesiod fort, **) ein grofses übel für

*) Hes. E. 60. Θ. 571.
**) Hes. Θ. 590.

die sterblichen menschen. Sie sind nicht begleiter der armuth, sondezn der üppigkeit, sie verzehren die habe der männer. Aber Zeus hat den menschen noch ein andres übel zugeschickt. Denn enthält sich jemand der ehe aus furcht vor den damit verknüpften mühseligkeiten, so kommt er zu einem traurigen alter, aus mangel einer pflegerin; und in sein vermögen theilen sich fremde erben; wer aber heirathet, und eine gute, verständige gattin nimmt, bey dem wird doch immer das gute von dem übel aufgewogen; bekommt er aber ein böses weib, so lebt er mit beständigem gram in seiner brust, und hat ein unheilbares übel. — Ein theil dieses mythes ist unstreitig aus dem hohen alterthume, der andre aber, in welchem Pandora für das erste sterbliche weib ausgegeben wird, obgleich auch von andern alten dichtern erzählt, *) reicht gewis nicht an Hesiods zeit hinauf, und ist dem übrigen system desselben zuwider, so wie die ganze, mit schwarzen farben aufgetragene, schilderung der weiber ohne zweifel einen spätern weiberhasser zum urheber hat.

Allgemein waren so harte, so lieblose urtheile über das weibergeschlecht gewis nicht; sie wären auch durch die beyspiele so vieler edlen frauen des heldenalters ganz entkräftet worden. Kein wunder freilich, wenn durch weibliche bosheit tief verwundete männer das ganze geschlecht darüber verabscheuten, wenn Agamemnons schatten dem Ulyſs zuruft: Nichts ist abscheulicher und unver-

*) S. Wolf zu Hes. Θ. 590.

schämter als ein weib, entschlossen zu solcher schandthat, wie Clytaemnestra an ihrem gatten verübt; sie hat durch ihre entsetzliche that schande auf sich und alle weiber der nachwelt gehäuft, auch, die sich des guten befleifsigen! Sey auch du, fährt er fort, nicht zu nachsichtsvoll und vertraut gegen dein weib; aber sie ist verständig und gutdenkend, und du wirst nicht durch sie sterben: dennoch lande heimlich im heimischen lande an! denn weibern ist nimmer zu trauen! *) — Es herrscht so ganz in Agamemnons rede die sprache des mannes, der, durch schuld und bosheit seiner gattin, überall den glauben an weibliche tugend und treue verlohren hat, der zwar der Penelope den ruhm der rechtschaffenheit zuge-

*) Od. λ, 426.

stehen muſs, aber doch ihren gatten vor ihr warnt! Ein nicht minder hartes und unbilliges urtheil fällt Hesiod über die weiber: laſs dein gemüth von keiner buhlerin täuschen, die durch glatte worte, dich zu verführen, trachtet; **wer einem weibe vertraut, der vertraut betrügern!** *) Doch, vielleicht ist auch der letzte ausdruck blos in beziehung auf jenes glattzüngige buhlengeschlecht gebraucht! Beyspiele böser und lasterhafter weiber stellt freilich auch das heldenalter auf. Antea, Proetus gemalin, suchte den Bellerophon zu verführen, und schwärzte ihn, der ihr seine gunst versagte, hierauf als den verführer bey ihrem gatten an. **) Eriphyle war treulos genug,

---

*) E. 343.
**) Il. ζ, 155.

ihren gemal Amphiaraus um ein goldnes halsband zu verrathen. *) Epicaste legte sich zu ihrem eignen sohne, und endigte ein schändliches leben durch den strick. **) Jenes Phoenicische weib liefs sich durch fremde kaufleute zur unzucht und zur untreue gegen ihren herrn verleiten, dem sie seinen sohn Eumaeus und andre schätze raubte und mit den kaufleuten davon ging. ***) Zwölf von Ulysses mägden waren treulos gegen ihre herrschaft und pflogen mit den freiern verbotnen umgang. Clytaemnestra, so abscheulich die an ihrem manne begangne untreue und die zugelafsne ermordung ihres gatten immer war, erscheint doch nicht jeder-

---

*) Od. λ, 325. ο, 244.
**) Od. λ, 271.
***) Od. ο, 416.

zeit und durchaus als ein böses weib, sondern giebt ein warnendes beyspiel, was verführung allmählig über ein weibliches herz vermag, und in welche abgründe von lastern endlich wollust versenkt! Sie war ehemals ein edles weib, das den verführungen des schlauen Aegisth lange und standhaft widerstand. Ihre tugend zu besiegen hatte selbst ihr verführer kaum gehofft, der wegen dieses endlich gelungnen streiches sogar den göttern ein großes opfer darbringt. *) Es hieße Helena's andenken entweihen, wenn ich sie, die so oft lasterhaft gescholtne frau, die aber so viele züge einer edlen seele an sich trägt, mit unter der liste lasterhafter weiber aufführen wollte. Wer einmal in seinem leben sich vergeht, ist deswegen

*) Od. γ, 275.

noch kein lasterhafter, und wer sich selbst seiner verirrungen wegen so streng anklagt, wie es Helena gegen Priamus that, ist gewis so schlimm nicht. — Es hat mir mühe gekostet, dieses grausenvolle gemälde von weibern, die die edlern ihres geschlechts nicht für ihre schwestern erkennen werden, hier zu entwerfen: doch vollständigkeit und unpartheylichkeit riethen dazu. Man denke ja nicht, daſs diese beyspiele entsetzliche sittenverderbniſs der weiber des heldenalters beweisen: es sind blos einzelne fälle, denen man ungleich mehrere edle, trefliche und würd'ge frauen entgegen setzen kann. Überdies hat ein jedes zeitalter und jedes volk seine Anteen, Epicasten, Eriphylen!

Schönheit, verstand und weben künstlicher werke ist das allgemeine lob der weiber jener zeit. Auch list und verschlagenheit wird an den weibern, namentlich an der Penelope, gerühmt; ein vorzug, von dem wir itzt nicht mehr die hohe meinung haben, welche die denkungsart des heroischen alters in diesem stücke auszeichnet. So rühmt Antinous den klugen geist und die erfindsame list der Penelope, worin sie die Griechinnen alle in den jahren der vorzeit, eine Tyro, Alcmene und Mycene, übertraf. *) Die zudringlichkeiten ihrer freier abzuhalten, erdachte sie unter andern eine list. Sie versprach, einen der freier zu heirathen, wenn sie ein leichengewand dem alten Laërtes gewirkt, an dem sie stets des tages arbeitete, um es nachts wieder aufzuzetteln. Eine auffallend große

*) Od. β, 120.

und gute meinung scheinen die Phäaker von ihrer königin Arete gehabt zu haben. Es wird erzählt, sie sey von ihrem gemal geehrt worden, wie nirgends ein weib geehrt werde von denen, die damals das haus der männer verwalteten. Eben so sehr wurde sie von ihren kindern geehrt und vom ganzen volke, das sie wie eine göttin betrachtete, und mit segen begrüfste, wenn sie durch die stadt ging. Denn es fehlte ihr nicht an verstand, und sie entschied selbst den zwist der männer *). Was gleich merkwürdig und mit den sitten jener zeit im contraste zu stehen scheint, Ulysses tritt, auf anrathen der Nausicaa und der Athene, in das zimmer der Arete, geht den könig vorbey, und umfafst die knie der königin mit fle-

*) Od. η, 67.

henden händen *). Ist diese dir nur gewogen, sagte Nausicaa zu ihm, dann hoffe getrost, deine freunde wieder zu sehen **). Man scheint also bey diesem volke den weibern mit zuvorkommender achtung und höflichkeit begegnet zu haben; ja, die gemalin des königs mischte sich sogar in die angelegenheiten ihres volks, deren streitigkeiten sie schlichtete ***). Die innern geistesvorzüge waren es wol nicht allein, die der Arete dieses ansehen und diese liebe verbürgten, sondern die aufserordentliche ergebenheit und achtung gegen die ge-

*) Od. η, 142.
**) Od. ζ, 310.
***) Der ausdruck der Andromache: meine mutter *herrschte* über das waldigte Hypoplakus (Il. ζ, 425) scheint auch auf einen antheil der weiber an der beherrschung des volks sich zu beziehen.

malin des königs war wol mit folge der verfeinerung eines reichen und üppigen volks, das nur immer nach schmaus, reigen, musik, abwechselung in der kleidung, nach warmen bädern und nach liebe verlangte *).

So sehr auch der mann im heldenalter held war, so wenig er in schmelzenden gefühlen seine liebe zu erkennen gab, so war ihm doch das weib, als die treue genossin seines lebens, die verwalterin seines haushaltes, erzieherin seiner kinder, die schöpferin sanfterer freuden, als die ihm der stürmische krieg gab, etwas

---

*) Od. ϑ, 249. Ich weiſs nicht, ob ich recht habe, das wort ἰυναί, das durch ruhe gegeben wird, von den süſsen umarmungen zu verstehen. Wenigstens weiſs man aus ähnlichen umschreibungen bey Homer, daſs schlaf und bette der edlere, feinere ausdruck für diesen begriff war.

werth. Von seiner liebe gegen das weib bald hernach. Geachtet war die frau nicht blos von ihrem hausgesinde, auch von ihrem manne. Weiber heißen daher gewöhnlich die verehrten, geschätzten *). So ward Penelope von Ulysses, Arete von Alcinous verehrt. Im leben geachtet, wurde noch ihr andenken im tode bey den nachkommen durch denkmale verewigt. So ein denkmal, auf dem grabhügel der leichten tänzerin Myrinna errichtet, war ausserhalb Troja **), und Homer vergleicht das hartnäckige stillstehen der rosse Achills, deren führer Patroklus von Hector getödtet war, mit einer säule, die über dem grabhügel eines

---

*) αἰδοῖος, πότνια etc.
**) Il. β, 814.

mannes oder eines weibes unerschüttert da steht *).

. Griechenland hat von jeher in dem rufe gestanden, die mutter schöner weiber zu seyn: was auch immer Wieland **) gegen die allzugrofse ausdehnung dieser meinung mit recht einwenden mag, so leidet es doch keinen zweifel, dafs man viele schöne weibliche gestalten in Griechenland und Asien antraf. Homer schon nennt Hellas das land der schönen weiber ***), eben so Achaja ****) und Sparta *****). Hesiod nennt Troja das land der schönen

---

*) Il. ζ, 434.
**) Gedanken üb. d. Ideale der alten. Kleinere pros. schriften b. 1. n. 4.
***) Il. β, 683. ι, 447.
****) Il. γ, 75. 258.
*****) Od. ν, 412.

frauen *). Fast alle beywörter, die den weibern gegeben werden, sind eben so viele lobeserhebungen ihrer schönheit, die nach ihren hervorstechendsten und vollkommensten theilen gepriesen wird. Bald wird das mädchen mit dem runden rollenden auge **), bald mit dem farren- oder großen auge ***) genennt; beides unstreitig gleichgeltende ausdrücke, wovon jener den Archivern überhaupt beygelegt wird ****). Schon Winkelmann und Pauw *****) haben angemerkt, daß die Griechen sich vor allen nationen durch ein großes offenes auge auszeichneten,

*) E. 651.
**) ἑλικῶπις Il. α, 142.
***) βοῶπις Κλυμένη Il. β, 714. γ, 144. Auch so Here.
****) Il. α, 389. γ, 190.
*****) Récherches sur les Grecs 1, 113.

und dafs sie diesem vorzuge die erhabenste schönheit verdankten. Man halte doch nicht das farrenauge für einen unedlen ausdruck aus den zeiten eines ungebildeten geschmacks. Der stier ist in den ländern, aus denen dieser sehr ausdrucksvolle name abstammt, eines der edelsten, schöngebauetsten thiere, dessen weites rollendes auge, das nationalauge der Griechen und Griechinnen zu bezeichnen sehr passend war. Das mädchen mit der schönen wange *), mit schönem haar **), mit schönem arm ***), waren gewöhnliche beynamen weiblicher schönheit. Eben so häufig wird überhaupt der körperbau und der schöne wuchs der weiber gerühmt, und

*) Il. α, 184.
**) Il. β, 688.
***) Il. γ, 121.

Agamemnon versichert, Chryses tochter stehe seiner gemalin nicht nach, weder an körper, noch an wuchs, noch an klugheit und weiblichen werken *). Ulyſs vergleicht die Nausicaa mit Artemis an gestalt, an gröſse und bildung, und preist vater, mutter und den jüngling, dem sie zur gattin beschieden, glücklich ob ihrer blühenden schöne **). Ein beweis von unschuld der sitten, scheint auſser der ungemeinen fruchtbarkeit jener zeiten, vorzüglich die ausdauernde jugendliche schönheit der weiber, bis in die tage des hohen alters zu seyn. Penelopens gemal war schon zwanzig jahre aus seinem Ithaca entfernt, und dennoch scheint seine gattin spuren der vorigen schön-

*) Il. α, 115.
**) Od. ζ, 151.

heit auf ihrem gesichte gehabt zu haben, die ihr so viele freier erwarben. Sie selbst klagt, nicht, daſs das alter, sondern daſs der gram und die thränen über ihres gattens abwesenheit ihre schönheit geraubt habe, und dessen ungeachtet wird sie auch so noch, da sie gebadet, gekleidet und gesalbt hervortritt, mit Aphrodite und Artemis verglichen *). Meiners legt es, unter den vorwürfen, die er auf die Helena häuft **), auch den Griechen als mangel an delicatesse zur last, daſs sie ein veraltetes weib wiedergeholt haben. Einem Lucian verzeiht mans, wenn er über Helena seinen spott ergieſst, die damals, als sie in Troja war, ein altes mütterchen, nicht viel jünger als die alte

*) Od. ζ, 37. σ, 245.
**) S. 318 f.

Hecuba gewesen seyn soll *). Aber im ernst hätte man diese rüge doch nicht erwartet. Bayle **) sucht zwar durch künstliche rechnungen herauszubringen, daſs Helena, wie sie von Paris entführt wurde, wenigstens funfzig jahre alt gewesen; allein, wer sieht nicht, daſs dieses auf den zeugnissen und sagen späterer schriftsteller beruht, die nichts mit Homer gemein haben? Wie alt Helena damals gewesen, als sie durch ihre flucht die ursache des verderblichen krieges wurde, läſst sich aus Homer nicht bestimmen: nur kann man gewiſs vermuthen, daſs sie in der blüte der jahre stehen muſste, weil sie noch viele jahre nach dem Troischen kriege mit ihrem ersten gatten ver-

*) Lucian im Hahn.
**) Dictionn. v. Helene.

eint lebte. Und, laſst sie immer in Troja veraltert seyn, d. h. an jahren zugenommen haben — denn sie lebte dort zwanzig jahre *) — so ist gerade ihre noch in den jahren der matronen fortdauernde blendende schönheit ein neuer beleg für die behauptete dauer der weiblichen blüte im heldenalter. Hector spricht zum Paris: wolltest du mit Menelaus einen zweykampf wagen, du würdest erkennen, was für eines mannes blühende gattin du hast **). Das herrlichste, was Homer zum ruhme ihrer schönheit sagen konnte, war, daſs sie selbst die eiskalten greise auf dem Scäischen thore durch ihre reize erwärmte, und ihren haſs

---

*) Il. ω, 748.
**) Il. γ, 53.

in liebe verwandelte *). Noch zehn jahre nach ihrer rückkehr ins vaterland wird sie wegen ihrer gestalt mit der Artemis verglichen **), und heifst noch die schönste unter den weibern ***).

*) Lessing Laokoon s. 214: Eben der Homer, welcher sich aller stückweisen schilderung körperlicher schönheit geflissentlich enthält, von dem wir kaum einmal im vorbeygehen erfahren, dafs Helena weifse arme (Il. γ, 121) und schönes haar (329) gehabt; eben der dichter weifs demungeachtet uns von ihrer schönheit einen begriff zu machen, der alles weit übersteigt, was die kunst in dieser absicht zu leisten im stande ist. Was kann eine lebhaftere idee von schönheit gewähren, als das kalte alter sie des kriegs wohl werth erkennen lassen, der so viel blut und so viel thränen kostete? — Was Homer nicht nach seinen bestandtheilen beschreiben konnte, das läfst er uns in seiner wirkung erkennen. Vgl. Laoc. s. 200. 219.
**) Od. δ, 121.
***) v. 305.

H

III.
Liebe und ehe.

Liebe und ehe im engsten bande, machen den schönsten zweig aus, geflochten in den kranz der weiblichen tugenden. Die stiftung der ehen liegt weit jenseits des zeitalters, das der gegenstand unsrer schrift ist; sie mußte die frucht näherer häuslichen verbindungen, und der aufkeimenden bleibenden zuneigung für das andre geschlecht seyn, aus welcher so viele andre schöne tugenden hervorsproßten, von denen auch das heroische zeitalter, täuscht mich anders mein gefühl nicht, nicht so ganz entblößt war, als man glaubt. Freilich soll, so will es Wood, *) die Leidenschaft der liebe den sitten des heldenalters

*) S. 196—200 d. Frf. Ausg.

unbekannt seyn. Homer, dem er selbst den ruhm, ein vollkommnes muster im zärtlichen und rührenden zu seyn, nicht abspricht, soll doch nicht ein einziges beyspiel von der macht und den wirkungen der edlern, über das blos sinnliche vergnügen erhabnen, liebe gegeben haben, obgleich die ursache des kriegs, den er besingt, etwas von dieser art ganz natürlich hoffen lasse. Alle etwa in ihm vorkommende scenen der liebe, die verbindung des Ulyſs mit der Calypso, des Zeus mit der Here, Ares mit Aphrodite, seyen im geschmacke der noch rohen sitten, ohne zärtlichkeit und feinheit der empfindung, ohne auf etwas anders als thierisches bedürfniſs gerichtet. —

Trifft dieser vorwurf ganz und in der von Wood behaupteten allgemeinheit die Homerischen schilderungen von liebe, so ist es wahr, daſs die edlere liebe — etwas mehr als sinnenlust und gröberer genuſs — eine blume ist, die nicht unter dem rauhen himmel des heroischen zeitalters fortkam und gedieh; so ist es wahr, daſs der held nichts als thierisches bedürfniſs kannte, dessen befriedigung er aus mangel eines veredelten genusses — liebe nannte! Allein dieser flecken, mit dem der Engländer das gemälde des heldenalters entstellt, ist erst in Homers gesänge hineingetragen, nicht aus ihm geschöpft. Zugegeben im allgemeinen, was man zugeben muſs, daſs die liebe jener zeit nicht die liebe eines ganz durch kunst und wissenschaft gebildeten und verfeinerten volks mit allen den besondern bestimmungen derselben seyn konnte, daſs sie, im ganzen genommen, noch mehr sinnlicher, grober art war, daſs man sich weniger auf die künste der galanterie und eines verfeinerten sinnengenusses verstand, daſs eine ganz entkörperte, rein-geistige liebe ein unding für jenes zeitalter seyn muſste; dies alles zugegeben, ist man deswegen noch nicht berechtigt, überall brutalität — ein wort, das verwerfung und rohe wildheit ankündigt — in der liebe des heldenalters zu suchen. Der verfasser vermiſst ein beyspiel von der macht und den wirkungen der edlern, über das blos sinnliche vergnügen erhabne liebe, und ich kann ihm wenigstens zwey anführen, welche die feuerprobe der strengsten untersuchung aushalten werden. Der ernsteste sittenrichter wird es, ist er frey von ungerechtigkeit, *) nicht wagen, den charakter einer Penelope und einer Andromache, so wie sie uns von Homer geschildert werden, anzutasten, und die reinheit ihrer liebe gegen ihre männer verdächtig zu machen. Penelope harrt zwanzig lange jahre auf die rückkehr ihres theuren gatten von Troja, der sie einsam mit ihrem einzigen sohn in Ithaca zurückgelassen hatte. Täglich von einem schwarm von freiern seit einigen jahren belagert, die ihr, sich neu zu vermählen und ihres vielleicht längst umgekom-

---

*) Es ist nichts so heilig, woran sich nicht die schmähsucht vergreifen sollte. Auch eine Penelope konnte dem bösen leumund nicht entgehen. Lycophron 766 ff. macht sie zur feilen dirne, und Pausan 8, 12 p. 624 erwähnt einer sage der Mantineer, Ulysses habe die Penelope verstofsen, weil sie die freier an sich gelockt und in ihr haus zu kommen verleitet habe.

menen mannes zu vergessen, anlagen,
von ihrem eignen sohne zur neuen
heirath veranlaſst, bleibt ihr vorsatz
der unverbrüchlichen treue unwandelbar, bietet sie alle künste weiblicher list auf, um den ihr verhaſsten
gedanken, sich wieder vermählen zu
müssen, nicht in erfüllung gehen zu
sehen, ist sie untröstlich, da sie endlich, durch ihre eigne netze gefangen, sich in die nothwendigkeit versetzt sieht, nächstens ihre hand einem ihrer freier geben zu müssen,
jammert sie tag und nacht über den
verlust ihres unvergeſslichen gatten!
Wenn das nicht mehr als gemeine
liebe, wenn es nicht hoher seelenadel und wirkung der edelsten liebe
ist, so verstehe ich nicht, was lieben
heiſst. Und darf man sich unter diesen umständen wundern, wenn der

wackre Ulyſs sich, selbst im schoofse des glücks und in der fülle des genusses, den die gunst einer göttin Calypso geben konnte, unaufhörlich nach seiner heimath und seiner gattin hingezogen fühlt, wenn ihn, bey den Phäakern angekommen, der geringste verzug, durch den er etwas später nach hause kommt, verlust scheint, wenn er sich daheim wieder so glücklich fühlt, als er mit seiner gattin, nach langer trennung, wieder die nacht der seligen liebe feiert! Ich kann mich nicht entbrechen, dem freier Amphinomus in der unterwelt jene worte nachzusprechen: Warlich dir, Ulysses, ward ein weib von grofser tugend beschieden. Welche treffliche seele hat Penelope! Wie treu die edle dem manne ihrer jugend blieb! Nimmer verschwindet der nachruhm ihrer tugend, die götter verewigen unter den menschen durch den schönsten gesang die keusche Penelope! *) — Doch, ich breche hier ab, um Woods vorwürfen das zweite beyspiel edler, weiblicher liebe entgegen zu setzen. Wer sieht nicht voraus, daſs ich das beispiel der Andromache meine? Ihre zärtliche sorgfalt und ihr kummer um das schicksal ihres gatten, die liebe zu ihrem säugling, kündigen uns schon in ihr ächte weiblichkeit, einen liebenden zärtlichen sinn an. Die unruhe und bangigkeit um ihres gemals leben, treiben sie mit ihrer amme und ihrem kleinen knaben ans Scäische thor, wo ihr gatte, der sie in ihrem hause gesucht hatte, ihr begegnet und eine familiengruppe vollendet, die wol nie schöner gesehen worden ist. Das

*) Od. ω, 190.

liebevolle, ganz an den mann sich hingebende und in dem einen gefühle seiner liebe unendlich glückliche herz der gattin, die alles anwendet, ihn aus der menschentödtenden schlacht zu entfernen, auf der einen seite, und der kampf des helden mit dem menschen, gatten und vater, den wir hier in einem erblicken, auf der andern, verbreiten einen unaussprechlichen zauber über diesen rührenden auftritt aus der heldenwelt, der, wie Wood sehr scharfsinnig bemerkt, um so viel unwiderstehlicher auf uns wirkt, da er im contrast mit dem schrecken des blutvergießens gesetzt ist, und gleich einem wohlcultivirten platze auf den Alpen, von den grausenvollen gegenständen, die ihn umgeben, neue schönheiten borgt. Doch, er würde an jeder stelle mit magischer kraft auf herz und empfindung derer wirken, die für das schöne und edle empfänglichkeit haben. Denn hier, oder nirgends, ist wahre gatten- und mutterliebe im erhabensten sinne des worts! Die ganze scene ist gewis dem gedächtnisse und dem herzen eines jeglichen lesers des Homer tief eingeprägt: doch erlaube man mir, sie dem dichter nachzubeschreiben, weil sie einzig in ihrer art, vielleicht auch einzig in der natur ist. Mit schweigendem lächeln sah Hector seinen Astyanax an; neben dem gatten stand mit thränendem auge Andromache, drückte seine hand und sprach: Lieber, dich wird dein muth tödten; du hast kein mitleid gegen den zarten knaben und gegen mich unglückliche, bald deine wittwe: denn dich tödten bald die Achaier, und ach! mir, der verlafsnen, wäre es dann besser, in die erde zu sinken; denn keine frohe stunde werde ich mehr haben, wenn du gefallen bist, sondern kummer. Mein vater, meine mutter und meine brüder sind getödtet, aber du bist mir vater und mutter und bruder, du, mein blühender gatte! Aber erbarme dich nun, und bleibe hier auf dem thurme, mache nicht den knaben zu einer waise, dein weib zur wittwe. Hector antwortete ihr: Warlich, dies alles ist auch mein kummer, aber ich scheue sehr die Troër und Troërinnen, wenn ich, wie ein feiger, von fern die schlacht vermeide; auch verbeut dies mein herz; denn ich habe gelernt immer brav zu seyn, und im vordertreffen der Troër zu kämpfen. Zwar weis ich wohl, es wird der tag des untergangs von Troja kommen; aber mich kümmert nicht so sehr das schicksal der Troër, selbst nicht der Hecuba und des könig Priamus, und meiner brüder, als mich dein schicksal bekümmert, wenn dich, du weinende, einer der Achaier wegführt, den tag der freiheit dir raubend: daſs du bey einer fremden gebieterin webest oder wasser schöpfest, wider willen, der harten nothwendigkeit unterworfen. Sagen wird dann einer, der deine thränen flieſsen siehet: Siehe, Hectors, des tapfersten der Troischen helden, weib! Und dein schmerz wird sich wieder erneuern, aus sehnsucht nach dem manne, der dich von der knechtschaft erlösen würde. Aber mich möge dann eher die erde bedecken, eh ich dein geschrey und deine entführung vernehme! So sprach Hector, und streckte seine arme nach dem knäblein aus: aber dieser bog sich an den busen seiner amme zurück, schreiend, erschrocken beim anblick des lieben vaters, dessen eherner helm und fürchterlich wehender helmbusch ihn erschreckte. Vater und mutter lächelten, und jener nahm den helm ab, setzte ihn zur erde, küſste und wiegte das kind auf den armen, und sprach: Zeus und ihr übrigen götter, laſst auch dieses knäblein werden, gleich wie ich bin, edel, stark und mächtig unter den Troern, daſs man einst sage, wenn er mit der beute eines getödteten feindes aus der schlacht zurückkehrt: er ist noch viel tapfrer als sein vater; und die mutter im herzen sich freue. So sprach Hector, und übergab den händen der lieben gattin den sohn; sie aber drückte ihn an ihren duftenden busen, lächelnd mit thränendem blick. Voll mitleid bemerkte es ihr gatte, streichelte sanft ihre hand, und sprach: Liebe, bekümmre dich nicht zu sehr in deinem herzen: niemand wird mich gegen das schicksal zu den schatten senden: aber seinem geschicke entrinnt weder der feige, noch der tapfre. Aber gehe nun heim an deine arbeiten, und laſs den männern, und unter ihnen vor allen mir, die sorge des krieges. So sprach er und nahm den helm wieder auf; die liebe gattin ging aber nach hause, wandte sich noch um, und vergoſs heiſse thränen! *) Ach,

*) Od. ζ, 404.

ihr hatte es geahnet, daſs Hector nicht aus der schlacht zurückkehren würde! Bald hört sie ein klagegeschrey und eilt, fürchtend ein unglück ihres mannes, auf die mauern. Hier sank sie ohnmächtig nieder, als sie ihren gatten um die mauern — geschleift erblickte. Die betäubte erwachte wieder, aber zu neuem elend und zu bittern klagen über ihres gatten und ihres unglücklichen kindes misgeschick! — *) Verzeihung, wenn ich zu lange bey der Andromache zu verweilen schien. Ihre schöne seele ist es werth, daſs ihr andenken im segen bey der nachwelt bleibe!

"Wie die liebe selbst „ führt Wood fort, „so war auch ihre sprache, beides niedrig und arm. Die

*) Il. χ, 450.

einfalt jener zeiten hatte noch nicht die mannichfaltigkeit des ausdrucks erfunden, und das ganze wörterbuch der liebe bestand aus einem einzigen worte; je strenger man das frauenzimmer aus der gesellschaft verbannte, je weniger modificationen und feinheit des ausdrucks *). „ Es ist wahr, daſs im heldenalter selten die natürlichen bedürfnisse in einen schleier gehüllt, daſs für sie der natürlichste, geradeste ausdruck ohne hehl und rückhalt gebraucht wird; aber es ist auch wahr, daſs im dichter beynahe keine spur von überzuckerten zweydeutigkeiten oder von unzüchtigen reden unter männern und weibern vorkommt **). Man

---

*) S. 200.

**) Als ein beyspiel dieser art können die leichtfertigen bemerkungen der götter über die um-

wird durch jene offne natursprache nicht zu dem urtheilsspruche berechtigt, daſs die helden und ihre weiber leute von groben, thierischen empfindungen, ohne schaam und ehrbarkeit, gewesen wären; vielmehr zeigt diese sprache von unschuldiger einfalt der sitten, welche unverhohlen der sache den eigentlichsten namen giebt *). Aber es ist nicht wahr, daſs die sprache der liebe im Homer so arm, und auf ein einziges, ich weis nicht welches, wort eingeschränkt; daſs sie durchaus so niedrig und von aller feinheit entfernt seyn soll. Ein kurzes verzeichniſs einiger, auf liebe, ehe und physischen genuſs beziehung habenden redensarten mag mich

armungen des Ares und der Aphrodite angesehen werden. Od. θ, 293.

*) Vgl. krit. wälder 2, 140.

rechtfertigen. Liebe und lieben *) sind die allgemeinen redensarten für diese leidenschaft, die zu verschiedenen umschreibungen dienen, z. b. liebe hat sein herz umgeben **); ihr herz wurde von sanfter liebe erfüllet ***) und dergl. m. Als verschiedene äußerungen der liebe werden sehnsucht und verlangen genannt. Von sehnsucht ergriffen werden, das süße verlangen erfüllen ****); die sehnlich gewünschte umarmung *****). Ein andrer ausdruck für liebe heißt eigentlich freundschaft ******), und deutet gemeiniglich den sinnlichen

---

*) ἔρος, ἔρως, ἔρασθαι.
**) ἔρως πυκινὰς φρένας ἀμφεκάλυψεν Il. ξ, 294.
***) ἔρῳ θυμὸν ἰάχεσθαι Od. σ, 11.
****) πόθος αἱρεῖ, τελέσιν ἵλδωρ.
*****) φιλότης ἱμέρος.
******) φιλότης.

genuſs an, wofür der gewöhnliche, für uns freilich auffallende, ausdruck ist: sich in liebe und lager vermischen *). Indeſs frage ich, ob unsre deutschen, für untadelhaft gehaltenen ausdrücke: begatten nnd paaren, einen edlern und feinern begriff als die Homerischen ähnlichen enthalten! Daſs das Griechische wort, welches liebe anzeigt, nicht lediglich auf groben genuſs gehe, sieht man schon daraus, daſs es überhaupt von freundschaft und friede **), von freundschaftlicher bewirthung***) und von der liebe der eltern gegen ihre kinder ****) gebraucht wird. Von gleicher gattung ist der ausdruck der

---

*) μιγῆσθαι φιλότητι καὶ εὐνῇ.
**) Il. γ, 73.
***) Il. ι, 625.
****) Il. ι, 430.

bettgenossinnen, der für ehefrauen steht *), und meinem gefühl nach, so wenig als die bettgenossenschaft selbst, als unheilig und unanständig zu verwerfen ist; man müfste denn mönchischen grundsätzen von der unheiligkeit dieser naturbetsimmung zugethan seyn. So sehr unser gefühl des anständigen durch die worte: **das bette des weibes besteigen, bey dem weibe schlafen** **) beleidigt zu werden scheint, so wenig läfst sich daraus auf rohheit oder schaamlosigkeit schliefsen, und ich kann mich auch hier wieder auf die analogie mit unsrer feinen und gebildeten sprache berufen, in

*) ἄλοχος, παράκοιτις. Auch der Römer hat sein tori socia von den Griechen, oder vielmehr aus der natur der sache entlehnt.

**) λεχίων ἐπιβῆναι, παραὶ λεχέεσσιν κλιθῆναι z. b. Od. σ, 212.

welcher beylager das edlere wort für vermählung ist. Man ist oft zu unbillig, indem man einen und denselben ausdruck, je nachdem er im heroischen zeitalter oder in unserm vorkommt, bald für unedel und niedrig, bald für anständig und fein erklärt. Wenn Hesiod sagt: Amphitruo hatte gelobt, nicht eher das bette seiner gattin zu besteigen, bis er den tod ihrer brüder gerochen hätte *), findet man den ausdruck unanständig und unedel, den doch niemand im Götz von Berlichingen tadeln wird, wo Sickingen zu Götz sagt: Ich will der Maria bett nicht besteigen, bis ich euch aufser gefahr weis! Roher und nicht zu vertheidigen ist der ausdruck: vom

*) Schild. des Herk. 13.

manne bezwungen *) werden, in rücksicht auf die werke der Aphrodite; aber er ist im geiste des zeitalters, das an solchen reden kein ärgernifs nimmt. Rohheit und mangel an feinerm gefühle verrathen ferner jene lauten wünsche der freier der Penelope, mit ihr das bette theilen zu dürfen **); jene ausdrücke Griechischer helden: niemand reise heim, bevor er bey einer der Troischen frauen geschlafen ***); und vor Menelaus und Paris zweykampf: wenn die Troer ihr bündnifs brechen, mögen sich ihre weiber mit fremden

---

*) δαμαςθαι ὑπ' ἀνδρός. In die classe der gröbern ausdrücke gehört auch ὀπυίειν vom heirathen. Schwanger seyn heifst γαςέρι φέρειν Il. ζ, 58. und ὑποκύσσαςθαι ν, 26.

**) Od. α, 366.

***) Il. β, 355.

männern vermischen *)! Aber sie beweisen nichts für eine grofse sittenverderbnifs, oder für einen gänzlichen mangel an feinern gefühlen, da ihnen aus dem täglichen leben der gebildetsten nationen, vorzüglich im sittenverderbenden kriege, tausend beyspiele gleicher art an die seite gesetzt werden können. Man hätte überdies doch nicht übersehen sollen, dafs die sprache des heldenalters allerdings spuren genug von einer allmähligen verfeinerung der auf liebe gerichteten empfindungen zeigt, dafs nicht allzeit für die sinnliche liebe auch der sinnlichste, für die wollust nicht immer der wollüstigste, ausdruck gebraucht wird, sondern, dafs die die schaam beleidigenden scenen oft dem auge ent-

*) Il. γ, 3o1.

rückt und verhüllt werden. Den
sinnengenuſs begreift der dichter
überhaupt unter den werken oder
gaben der göttlichen Aphrodite *), oder den werken der liebe **), und mit gleicher keuschheit
sagt er von Poseidon: er löste
den jungfräulichen gürtel der
Tyro ***) und von den umarmungen des Ulyſs und der Calypso: Sie
genossen der liebe und ruhten
neben einander ****). Hermes, wird
erzählt, stieg ins obere stock, ruhte
heimlich bey der Polymele,
und gab ihr einen herrlichen
sohn *****). Eben dies gilt von der
schönen schilderung der ersten nacht

*) ἔργα, δῶρα Ἀφροδίτης.
**) φιλοτήσια ἔργα Od. λ, 245.
***) Od. λ, 294.
****) Od. ι, 226.
*****) Il. π, 185.

nach Penelopens und Ulysses wiedervereinigung: freudig kamen sie zu ihrem lager, den bund der alten liebe zu erneuern. Aber, als sie die süfse liebe genossen hatten, da erfreuten sie noch ihr herz mit manchem gespräche *).

Schaamhaftigkeit mufs im freundschaftlichen bande mit der liebe einhergehen, wenn diese nicht mit ihren reizen bald überdrufs und ekel erregen soll. Sie ist ganz eigentlich eine weibliche tugend, und findet sich auch im vorzüglichsten grade nebst ihren schwestern, der sittsamkeit und eingezogenheit, bey den

*) Od. ψ, 295. 300. Die alten haben schon das σεμνὸν angemerkt, das in den worten liegt: λέκτροιο παλαιοῦ θεσμὸν ἵκοντο. — Ich will hier nur noch anmerken, dafs der Homerische ausdruck: τὰ αἰδοῖα, verenda, zucht und erbarkeit verräth.

weibern des heldenalters. Selbst im aufrichtigsten geständnisse ihrer verschuldungen legt Helena einen beweis ihrer edlen schaam ab, die, trotz ihrer jugendvergehungen, nicht von ihr gewichen war. Sie macht ihrem Paris, der, aus dem zweykampf entflohen, sie zu den süfsen umarmungen einladet, bittre vorwürfe, und willigt in sein begehren erst spät ein. Selbst den göttern, deren lebensart, nach damaligen begriffen, weit unsittlicher als die der menschen war, ist die holde schaam und zucht eigen, und Zeus umschattet Ida's gipfel mit einer goldenen wolke, damit die liebesumarmung seiner gattin keinem auge sichtbar würde. Mit dem zauber ihrer liebe Zeus zu fesseln und ihn zum liebesschlaf einzuladen, erschien sie, hochgeschmückt mit allen göttergaben, und mit dem gürtel der Aphrodite, in dem liebe, schmachtende sehnsucht, freundliche gespräche und bitten, selbst des weisen herz zu beschleichen, enthalten waren. Zeus, bey ihrem anblicke von jenem feuer entbrannt, das seinen busen bey der ersten umarmung durchdrungen, gab ihr süfse, zur liebe ladende worte, denen sie aber nicht eher nachgab, bis Zeus die wolkenhülle über ihre umarmungen zog *). Demodocus gesang von Ares und Aphroditens liebe, enthält freilich die geschichte einer götterintrigue, welche die schaamhaftigkeit beleidigt, aber auch gerade durch den gegen alle andre Homerische mythen

---

*) Il. ξ. 330. Heyne ad Aen. 8, 405 miror verecundiam Homericorum versuum, qui pro illa aetate castissimi sunt.

abstechenden mangel an feinheit ein hohes alterthum ankündigt; wobey man noch bemerken muſs, daſs es ein lied des Phäakischen volks war, das, bey seiner weichlichkeit und seinem hange zum vergnügen, auch wahrscheinlich sich ungebundnere scherze über liebe und liebesauftritte erlaubte. Aber, selbst hier, wo die männlichen gottheiten sich auf kosten des in dem netze Hephaistos verstrickten paares scherz und spott erlauben, und alle zu dieser scene eilen, blieben die göttinnen alle vor schaam in ihren gemächern *). Überall maaſst sich unter einem noch ungebildeten volke das männergeschlecht das vorrecht an, nicht an die strengern regeln der schaamhaftigkeit gebunden

*) Od. 9, 324.

zu seyn und plumpe, in zoten ausartende scherze laut werden zu lassen; ein privilegium, über das auch im staate der götter, wie dieses beyspiel lehrt, gehalten wird. Es ist also gewis ein zeichen der bereits aufgegangnen morgenröthe der cultur, wenn wir im heldenalter so wenig groben scherz und schaam beleidigende ausdrücke entdecken. Ulyſs, um nur ein beyspiel männlicher schaam anzuführen, scheut sich, von jungen mädchen sich waschen zu lassen, und bedeckt seine blöſse, als er der Nausicaa und ihren dirnen entgegen kommt.

Sanfte, einschmeichelnde worte werden im Homer immer den weibern zugeschrieben, wodurch sie die gunst und liebe der männer erwerben. So suchte Calypso Ulysses gemüth durch

süfse worte zur liebe zu bewegen;
aber sie vermochte nicht den sinn
des helden, der nach seiner heimath
und gattin schmachtete, zu beugen. *)
Das alleinseyn unverheiratheter mädchen mit jünglingen scheint zwar der
wohlstand nicht zugelassen zu haben,
wie Ulysses beyspiel beweist, der nicht
zugleich mit der Nausicaa in die stadt
geht, um üblen gerüchten der leute
und dem argwohne des vaters zu begegnen; **) doch fand gewis, wie
überall, die liebe wege zur traulichen,
zeugenlosen unterhaltung, vorzüglich
bey völkern, deren reichthum noch
in grofsen heerden bestand, welche
von kindern beiderley geschlechts geweidet wurden. So finden wir, dafs
Simoisius mutter vom Ida herab ihren

*) Od. α, 55.
**) Od. ζ, 260. η, 305.

eltern folgte, die heerden zu besehen, und am flusse Simois ihren sohn gebahr. *) Mit der nymphe Abarbarea vereinte sich heimlich in liebe Bucolion in einer schäferstunde; sie gebahr dem hirten zwey söhne. **) Vertraute scenen zwischen schäfern und schäferinnen müssen von Homer gemeint seyn, wenn er sagt: Jünglinge und jungfraun kosen von felsen und von der eiche vertraut mit einander, wobey man an unterredungen der liebenden unter dem schatten von bäumen oder auf dem gipfel eines felsen, an dessen abhange ruhig die schafe weideten, denken muſs. ***) Diese vertrau-

---

*) Il. δ, 473.
**) Il. ζ, 21.
***) Il. χ, 126. Vgl. Heyne und Wolf zu Hes. Θ. 35.

ten unterredungen, dies flüstern der liebenden, drückt Homer durch ein eignes wort aus *), das auch von Paris zärtlichen gesprächen mit der Helena gebraucht wird **). In diese rohern zeiten der alten hirtenwelt fallen wol die meisten mythischen geschichten von verbindungen sterblicher mädchen mit gottheiten, oder der göttinnen mit sterblichen männern an flüssen oder auf bergen, in welchen, vorzüglich fruchtbaren gegenden, die heerden sich befanden ***). Aufserdem sind liebeleien der helden mit den töchtern der ed-

---

*) ὀαρίζειν. Il. χ, 127. ὀαριστὺς Il. ξ, 216. ὀαρισμὸς Hes. E. 730. Davon scheinen die weiber bei Homer ὄαρες zu heifsen Il. ι, 327.
**) Il. ζ, 516.
***) Die hieher gehörigen stellen sind Il. β, 513. 658. 820. ζ, 21. 186. π, 173. 183. Od. λ, 225.

K

len selten oder gar ohne beyspiel.
Nur mit sklavinnen pflegte man zu
buhlen, und dennoch wird selbst
die buhlerey der freier der Penelope
mit den wollüstigsten mägden Ulysses als strafbar verdammt *). Wenn
Menelaus sagt: aller dinge wird man
doch endlich überdrüfsig, des schlafs
und der liebe, so darf man bey
letzterm wol nur an buhlerey denken **). Schön und wahr ist die
bemerkung, die Homer bey gelegenheit der von einem Phönicischen kaufmanne verführten Sidonierin macht:
Einer pflog heimlich liebe mit ihr,
die das herz der biegsamen weiber
in die irre führt, wenn eine die
tugend auch ehret ***)!

*) Od. χ, 440.
**) Il. ν, 636.
***) Od. ο, 420.

Von den ehen und der ehelichen glückseeligkeit der heroischen zeiten müssen wir uns einen vortheilhaften begriff machen, wenn wir durchaus keine spur von harter, tyrannischer behandlung, nirgends beyspiele von unfrieden und zwietracht, (das erdichtete der Juno abgerechnet, die vergeblich zu Oceanus und zur Thethys, die eheliche eintracht unter ihnen wieder herzustellen, reiste *);) nur wenige beyspiele von untreue der weiber gegen ihre gatten, dagegen viele anhänglichkeit, liebe und ausdauernde treue in den ehen antreffen. Unter allen ehepaaren leuchten, wie zwey helle gestirne der nacht, Ulysses mit der Penelope, und Hector mit der Andromache hervor, und vernichten durch

*) Il. ξ, 200.

ihr beyspiel jeden zweifel an ehelicher glückseeligkeit in den zeiten der helden. Doch, wie konnte dies auch anders seyn, wenn alle weise und gute männer ihre weiber liebten, wie Achill selbst versichert: Lieben denn unter den sterblichen allein die Atriden ihre weiber? Jeder mann, der gut ist und weise, liebt und pfleget sein weib *)! Agamemnon bestätigt dieses durch sein eignes geständniſs: ein mann, der auch nur einen monden von seiner lieben frau getrennt lebt, kümmert sich am schiffe **). Und doch konnte man, wenn es auf befriedigung sinnlicher bedürfnisse ankam, diese so leicht in der ferne erhalten!

*) Il. ι, 339.
**) Il. β, 292.

Sarpedon erzählt, er sey aus Lycien hergekommen, und habe frau und kind verlassen *), und wehmüthig setzt er sterbend hinzu: ich sollte also nicht heimkehren, und mein liebes weib und kind erfreuen **)! Zu wiederholten malen lesen wir die unbeschränktesten lobsprüche auf die eintracht der ehen, welche feinen sinn für häusliche tugenden und freuden voraussetzen. Diesen schönen empfindungen war noch nicht der alte, durch die schläge des schicksals gebeugte, Ulyſs abgestorben: **mögen die götter**, so sprach er zur Nausicaa, **dir schenken, so viel dein herz nur begehret, einen mann und ein haus, und glückliche eintracht der her-**

*) Il. s, 480.
**) v. 688.

zen: denn nichts ist gröſser und treflicher, als wenn mann und weib, durch eintracht der seelen vereinigt, das haus verwalten, den übelgesinnten zum schmerze, aber zur wonne den freunden: noch mehr genieſsen sie selber *)! Eben so stark und nachdrucksvoll spricht Hesiod: der mann hat keinen gröſsern schatz, als ein gutes weib; aber, setzt er gleich wahr hinzu: es ist auch nichts schlimmeres als ein böses weib, die durch ihre verschwendung auch den wackern mann aufzehrt und einem bittern alter übergiebt **). Sollte wol dieser lobredner guter und glücklicher ehen

*) Od. ζ, 180.
**) E. 645.

eine person mit jenem dichter des Mythe von der Pandora seyn, der, auch in der ehe mit dem tugendhaftesten weibe, das böse für überwiegend hielt? — Dieser einklang zweier eng verbundener seelen und die aus harmonie der gemüther entspringende glückseeligkeit war es, deren übermaas Penelope für die ursache der ihnen zugeschickten leiden ansah: **die götter, sagt sie zu Ulysses, gaben uns elend. Denn zu grofs war das glück, dafs wir unser ganzes leben beysammen in wonne und eintracht genössen** *). — Eifersucht überliefs man damals den seeligen göttern und göttinnen, die sich damit verzehrten; die menschen scheinen sie wenig gekannt, oder wenig ver-

*) Od. ψ, 210.

anlassung gehabt zu haben, sie kennen zu lernen. Nur bey Agamemnon regt sie sich, als er in den krieg zieht. Er übergiebt seine gemalin der aufsicht eines alten Barden; dieser sollte ihr wahrscheinlich als rathgeber und warner zur seite stehen, nicht aber, wie die Alten und Goguet meinen, durch seinen **unterricht** die fürstin auf dem wege der tugend erhalten *).

Die mädchen und jünglinge wurden damals in der blüte ihrer jahre verheirathet, welche in jenen gegenden bey den mädchen sehr früh eintrat, und erst sehr spät verblühte. Es wird bey der blühenden Nausicaa vorausgesetzt, daſs sie nicht lange mehr jungfrau bleiben wird, da schon die edelsten Phäakischen jünglinge

―――――――
*) Od. γ, 267.

um sie werben; und Pallas ermahnt sie schon, in gestalt ihrer gespielin, ihre wäsche zu der bevorstehenden hochzeit zu reinigen *). Laërtes und dessen gattin verheiratheten ihre tochter Ctimene, als sie die liebliche jugend erreicht hatte, nach Same **); Cisseus verehlichte seine tochter an Iphidamas, nachdem sie ans ziel der rühmlichen jugend gekommen ***). Bestimmter erklärt sich Hesiod gegen seinen bruder Perses über die wahl und beste zeit der ehe: "Führe zeitig ein weib heim, wenn du nicht mehr fern vom dreyſsigsten jahre bist, aber auch nicht weit drüber: diese hochzeit wird dir zeitig seyn. Die frau aber sey vier-

*) Od. ζ, 25.
**) Od. o, 365.
***) Il. λ, 225.

zehn jahre alt, im funfzehnten heirathe sie. Nimm aber eine jungfrau, damit du sie edle sitten lehrest. Heirathe vorzüglich diejenige, welche dir nahe wohnet, dich genau vorsehend, damit du nicht den nachbarn ein gespött werdest *). „ Ob diese regeln in noch frühern zeiten beobachtet worden, ist zweifelhaft: wenigstens wissen wir aus Homer, daſs die männer eben so jung, wie die weiber, verheirathet wurden **), folglich nicht so spät, als Hesiod es anräth. Daſs man gemeiniglich jungfrauen zu weibern wählte, lehrt schon der allgemeine Homerische name der ehefrauen: **die jungfräuliche gattin** ***). In gleichem sinne

---

*) E. 640.
**) Il. λ, 225.
***) ἄλοχος κουριδίη.

scheint der mann der **jungfräuliche gatte** genennt zu werden, welchem das mädchen ihre erste liebe weihte. *) Dennoch war es nicht allgemeine sitte der Griechen, wie doch Köppen **) behauptet, daſs sie zur eigentlichen frau nur jungfrauen, zur beyschläferin jungfrau oder weib nahmen. Warben nicht so viele freier um Penelopens, der längst verehlichten, besitz? Pallas selbst spricht zu Telemach: Verlangt das herz der mutter die zweite vermählung, kehre sie heim in das haus des vaters; dort bereite man ihr die hochzeit, und statte sie reichlich ihrem bräutigam aus, wie lieben töchtern gebühret. ***) Ulyſs gab sogar, beim scheiden, sei-

---

*) κουρίδιος πόσις.
**) zu Il. 1, 414.
***) Od. α, 275.

ner gattin den rath, das haus, bis ihr sohn erwachsen, zu bewahren, und dann wieder zu freien, wen sie wolle. *) Einen noch deutlichern beweis für die zweite heirath enthält der vorwurf, den Pallas dem weiblichen leichtsinn macht; du kennst ja des weibes gesinnung; sie sucht das haus dessen zu bereichern, der sie heirathet, aber ihrer vorigen kinder und des geliebten ihrer jugend, der ihr gestorben ist, denkt sie nicht mehr, und frägt nimmer nach ihnen! **) In einer zeit, wo die frau alles durch den mann ward, ihm schutz, unterhalt und ansehen verdankte, war das loos der wittwen, fanden sich anders keine freier für sie, gewiſs nichts weniger als beneidenswerth. Überhaupt

*) Od. σ, 264.
**) Od. ο, 20.

scheinen wittwen und waisen in geringer achtung gestanden zu haben, wie die klagen der Andromache, der ihres gatten fall und ihres knäbleins verwaisung ahnete, beweisen. *)

Mangel an cultur verräth allerdings die sitte der heldenzeit, die den töchtern verbietet, sich selbst den freund und gefährten ihrer tage zu wählen, welche wahl den eltern und männlichen verwandten überlassen bleibt. Ob dies übrigens gerade despotismus und eine strenge herrschaft über die weiber ankündigt, oder, ob es natürliche folge der einfalt und bescheidenheit der töchter war, die, ohne eignen willen, lediglich dem gutbefinden erfahrner verwandten die wahl ihrer gatten anheimstellten, ist mir noch zweifelhaft. Der vater er-

*) Il. χ, 492.

las gewöhnlich seiner tochter den bräutigam; Jobates gab seine tochter dem Bellerophon, *) Alkinous bietet seine Arete dem Ulysses an; **) Agamemnon dem Achill seine tochter, ***) der aber Agamemnons anerbieten verschmäht, und die wahl eines weibes seinem vater überlassen will. ****) Eben die äufserung des Achill, dafs er in ganz Hellas jedes weib bekommen könne, welches er wolle, und die versichrung der freier der Penelope, dafs genug weiber wären, die sie heirathen könnten, wenn sie wollten, *****) zeigt, dafs die väter den freiern ihrer töchter nicht leicht abschlägige antwort gaben. Menelaus

*) Il. ζ, 186.
**) Od. η, 280.
***) Od. ι, 140.
****) Od. ι, 394.
*****) Od. β, 206.

verheirathet seine tochter an Achills sohn, und seinen sohn an eine Sparterin. *) Die söhne scheinen also auch in den meisten fällen die angelegenheiten ihrer verheirathung den eltern überlassen zu haben. Auch beiden eltern wird die verheirathung der töchter zugeschrieben, wie von Laërtes und seiner gattin gesagt wird, sie haben ihre tochter nach Same verheirathet, **) und Briseis klagt über den tod ihres gatten, den ihr vater und mutter gegeben. ***) Dieser einrichtung waren selbst bereits verheirathete oder verwittwete weiber unterworfen, und die freier der Penelope heifsen dem Telemach, seiner mutter zu befehlen, sie solle den heirathen,

*) Od. ϑ, 1.
**) Od. ο, 365.
***) Il. ι, 394.

welchen ihr der vater bestimmt, und welcher ihr selber gefällt; *) eine stelle, welche doch wenigstens zeigt, daſs die neigung des mädchens bey der wahl mit in anschlag gebracht wurde. Auch kommen so viele andre stellen in der Odyssee vor, welche deutlich lehren, daſs Penelope sich eigenmächtig einen mann wählen durfte, welchen sie wollte!

Man kannte noch nicht die feinern grenzbestimmungen, welche politik und moral der verbindung der geschlechter aus nahe verwandten familien gesetzt haben; aber man verabscheute wenigstens eheliche verbindungen zwischen eltern und kindern, und Epicaste, die ihren eignen sohn, Oedipus, wie es scheint, wissentlich

*) Od. β. 114.

zum manne nahm, ward für die schrecklichen thaten, die sie mit geblendeter seele verübt, dadurch bestraft, daſs sie sich selbst an dem gebälk mit einem seile erdrosselte. *) Auch die verheirathung leiblicher geschwister scheint mir nicht in die heroischen zeiten zu passen, und wo spuren irgend davon vorhanden sind, müssen sie wol aus noch frühern zeiten der wildheit und rohheit abgeleitet werden; so, wenn Here Zeus gattin und schwester ist, oder, wenn Aeolus seine töchter und söhne unter einander verheirathet; physische mythen aus der frühern welt, die eine symbolische bedeutung hatten, aber vom dichter in wirkliche handelnde wesen umgeschaffen werden. Dagegen finden wir folgende beyspiele von heirathen

*) Od. λ, 270.

in verschiednen graden der verwandtschaft: Arete ist Alkinous bruders tochter und gemalin; *) Cisseus giebt seinem enkel Iphidamas seine tochter Theano zur gattin; **) Diomed nimmt Adrasts tochter, Aegialea, zur gemalin, ***) welche die schwester seiner mutter, ebenfalls einer tochter Adrasts, war. ****)

Die töchter der edlen im volke waren, wie so viele geschichten des alterthums lehren, mit freiern umringt; die nach ihrem besitze streb-

---

*) Od. η, 20.
**) Il. λ, 225.
***) Il. ι, 412.
****) Il. ξ, 113. Aegialea mußte die jüngste schwester der Deipyle, so hieß Tydeus gattin, seyn, wenn man nicht mit andern annehmen will, daß Aegialea von Homer Adrasts tochter im weitläuftigern sinne für enkelin genennt werde. S. Heyne ad Apollod. 1, 8, 6 p. 132.

ten, und ihn theils durch geschenke, theils durch männliche thaten zu verdienen suchten. Pallas sagt zur Nausicaa: siehe, es werben ja schon die edelsten jünglinge im volke aller Phäaker um dich; denn du stammst selber von edlen *). Die menge der mitwerber und nebenbuhler erzeugte wetteifer in den gaben, die sie der geliebten und den freunden derselben darbrachten, die theils aus rindern und schafen, theils aus kostbaren gewändern und anderm edlen frauenschmuck bestanden, dergleichen Penelope auf ihr verlangen von ihren freiern erhielt. **) Von diesen geschenken, wodurch man erst die gunst der mädchen und ihrer väter zu gewinnen suchte, waren die ei-

*) Od. ζ, 34.
**) Od. σ, 278.

gentlichen brautgeschenke *) verschieden, die jeder freier seiner braut zu bringen verbunden war, und welche gemeiniglich von sehr beträchtlichem werthe waren. So brachte Iphidamas hundert ochsen, tausend schafe und ziegen seiner gattin zur brautgabe. **) Die üble sitte scheint bereits eingerissen zn seyn, daſs die freygebigsten werber ihre absichten am sichersten erreichten. Penelope wird vom vater und von ihren brüdern gedrängt, sagt Athene zum Telemach, daſs sie Eurymachus nehme: denn dieser beut die reichste heirathsgabe. ***) Um so viel mehr gereicht es der Penelope zum ruhm, daſs ihr nicht Eurymachus, son-

*) ἴδια.
**) Il. λ, 241.
***) Od. α, 15.

dern Amphinomus am meisten, wegen seiner rede und seiner edlen gesinnung, unter den freiern gefiel. *) Der aufserordentliche aufwand, der zu diesen geschenken erforderlich war, macht es glauben, dafs ärmere es wenigstens nicht leicht wagen durften, um die töchter der vornehmsten im volke anzuhalten, so wenig auch sonst auf stand und würde, sondern auf tapferkeit und adel des geistes, bey der wahl des gatten rücksicht genommen worden zu seyn scheint. Daher widerlegt Penelope den muthmafslichen verdacht der freier gegen die absichten des fremden, der den bogen zu spannen versuchte, indem sie versichert, es werde dem armen fremdling nicht einfallen, die

*) Od. π, 396.

königin zur gemalin zu begehren. *) Dennoch erzählt Ulysses dem Eumaeus in einer künstlich erdichteten geschichte: nach Castors tode, der mich mit einem kebsweibe erzeugte, theilten die söhne sein reiches erbe, und mir liefsen sie wenig; aber ich nahm mir ein weib aus einem der reichsten geschlechter, das ich durch liebe gewann; denn ich war kein entarteter jüngling, noch feig im kriege. **) Die menge der freier, die sich bey prinzessinnen einfanden, ***) und der geist des zeitalters scheint die entscheidung, wem der besitz des gegenstandes ihrer liebe zufallen solle, durch allerlei tapfer-

---

*) Od. ψ, 280. 320.
**) Od. ξ, 202.
***) Daher das Homerische beywort: γυνὴ πολυμνήστη.

keitsbeweise nothwendig gemacht oder begünstigt zu haben. So machte Penelope endlich ihren entschluſs bekannt, demjenigen ihre hand zu geben, der Ulysses bogen spannen und durch alle zwölf axtgriffe schieſsen würde. *) Neleus gab seine schöne tochter, Pero, keinem, der nicht des mächtigen königs Iphikles rinder aus Phylaka's auen entführen würde. **) Theodymenus trieb die heerden weg und verschaffte dadurch seinem bruder Neleus tochter zur gemalin. Er selbst heirathete eine andre in Argos. ***) Othryoneus, aus Cabesus, hielt um die Cassandra an, ohne bräutigamsgabe: dafür versprach er, die Achaier von Troja zu vertreiben. Ido-

---

*) Od. φ, 42.
**) Od. λ, 287.
***) Od. ο, 233.

meneus, ihn tödtend, spottete sein: wir wollten dir auch die schönste der töchter des Atriden geben, wenn du uns Troja einnehmen hülfest. Komm, wir wollen bey den schiffen mehr von der hochzeit sprechen. Wir werden keine schlechte schwäger seyn! *) Man sieht in allem diesem die ähnlichkeit dieser mit den ritterzeiten, in welchen ebenfalls auf den burgen edler ritter die liebhaber der töchter sich zu versammeln und für die dame des herzens ritterthaten zu bestehen pflegten. Der dank ihrer thaten war die hand und das herz einer edlen ritterstochter. Eben so vermählte man seine töchter bisweilen an diejenigen, welche bey turnieren den

*) Il. y, 363. Frau Dacier macht dabey folgende anmerkung: Cassandram non muneribus, sed opera et rebus gestis, promereri studebat.

sieg und dank unter den rittern davon trugen. — Die wohlhabenden väter statteten ihre töchter mit einem sehr reichen und kostbaren heirathsgute aus, dessen werth man schon daraus abnehmen kann, daſs Telemach sagt: es werde ihm die erstattung des guts seiner mutter an Ikarius schwer werden, wenn er seine mutter verstieſse. *) Denn in diesem falle, wenn die verheirathet gewesene tochter wieder zu ihren eltern kam, fiel das heirathsgut an den vater zurück. Auch bey der zweiten heirath bereitete man der tochter ein hochzeitmahl, und stattete sie reichlich ihrem bräutigam aus, wie es, mit Homer zu reden, lieben töchtern gebühret. **) Ein aus-

---

*) Od. β, 135.
**) Od. α, 275. β, 190. Diese mitgabe wird ebenfalls ἔδνος genannt.

gezeichnetes beyspiel eines großen heirathsgutes enthält das versprechen Agamemnons, der dem Achill, wenn er von seinem zorne abstehen wolle, eine seiner drey töchter, ohne eine bräutigamsgabe zu verlangen, zur gattin zu geben, und zur mitgabe ihm sieben wohlgebaute, reiche städte verheißt. *) Der könig von Lycien giebt dem Bellerophon seine tochter, und mit ihr die hälfte seines königreichs. **) Andromache, Hectors gattin, hat, von dem reichen heirathsgute, den beynamen der reichbeschenkten. ***) Diese geschenke, welche die weiber theils von ihren männern erhielten, theils von ihren eltern zur neuen ehe mitbrachten, mußten von großem be-

*) Il. ι, 144.
**) Il. ζ, 192.
***) πολυδωρος Il. ζ, 392.

lange seyn: daher auch z. b. die schätze der Helena, die Paris zugleich mit Menelaus gattin nach Troja wegführte, so oft und mit anscheine von grofser wichtigkeit angeführt werden. Es scheint entweder eine aufserordentliche stärke der liebe oder einen mangel an feinem gefühle zu verrathen, wenn Menelaus seine ihm untreu gewordne gattin, nachdem sie zwanzig jahre im besitze eines andern gewesen, wieder zur gattin annimmt. Doch diese delicatesse, die, wenn sie blos auf körperliche reinheit mit ausschliefsung der reinheit der seele geht, vielleicht übertrieben ist, darf man wol nicht in den zeiten des heroischen alters suchen; man würde sie wenigstens auch in der erzählung von der Polymela vermissen, die, nachdem sie als jungfrau dem Hermes ein knäblein gebohren, sogleich vom tapfern Echecles für **unendliche bräutigamsgaben** heimgeführt wurde. *)

Der beste wunsch, den man einem mädchen darbringen konnte, war der, welchen Ceres in gestalt einer alten für Celeus töchter hegte: **mögen die götter euch jugendliche männer geben und kinder zu gebühren, wie die eltern es wünschen!** **) Auch Ulysses wünscht der Nausicaa, so viel ihr herz begehret, einen mann und ein weib und selige eintracht der herzen! ***) Ein volk ist noch nicht von der natur abgewichen, welches die ehe unter die gröfsten glückseeligkeiten des lebens und den besitz

---

*) Il. π, 189.
**) Hom. H. Cer. 135.
***) Od. ζ, 180.

eines mannes zur bestimmung des weibes rechnet! Dennoch wollte die sittsamkeit, daſs mädchen nicht laut, selbst gegen eltern nicht, von ihrer bevorstehenden hochzeit sprachen, und Nausicaa, die ihre kleider zu ihrer nahen hochzeit waschen will, braucht gegen ihren vater einen andern vorwand: denn sie schämte sich von der lieblichen hochzeit vor dem vater zu reden. Doch merkte er alles, und gewährte ihre bitten, ohne ihr zu erkennen zu geben, daſs er ihre gedanken verstehe. *)

Das hochzeitmahl wurde im väterlichen hause und vom vater ausgerichtet, wie wir z. b. in Menelaus hause sehen, der das hochzeitsfest seines sohnes und seiner tochter an einem tage feierlich mit den edlen

*) Od. ζ, 65.

des volkes begehrt. *) Daher sagt auch Eurymachus: Telemach befehle seiner mutter, ins haus des vaters zu gehen; dort werde man ihr ein hochzeitmahl bereiten. **) Die kinder bleiben in jenen an patriarchalische sitten gränzenden zeiten oft verheirathet im väterlichen hause, und die eltern machen mit ihren kindern und kindeskindern eine große familie aus, die in einem pallaste, der aus einem hauptgebäude und mehrern nebengebäuden besteht, wohnen. So hat der könig der Phäaker zwey verheirathete und drey ledige söhne bey sich. ***) Priam hat seine söhne, töchter und schwiegertöchter bey sich. ****) Beym könig Aeolus

*) Od. δ, 1.
**) Od. β, 195.
***) Od. ζ, 63.
****) Od. ζ, 244.

wohnen söhne und töchter mit einander verheirathet. Nestors söhne und schwiegertöchter wohnen beym vater. *) Doch mußte die frau bisweilen dem manne nachziehen, und der mann der frau. Hector und Paris hatten eigne häuser unweit des königlichen pallastes. **) Menelaus verheirathet seine tochter an Achills sohn nach Thessalien, und schickt sie ihm dahin. So viel man aus der erzählung der hochzeitfeier abnehmen kann, war der bräutigam der Hermione nicht zugegen, sondern die braut wurde ihm vom vater nach seiner heimath gesendet. ***) Der neue mann baute seiner gattin ein haus oder wenigstens einen beson-

*) Od. γ, 412. 451.
**) Il. ζ, 313. 317. 370.
***) Od. ϑ, 5.

dern thalamus, der bisweilen, wie der thalamus des Ulyſs und Paris, sehr künstlich verfertigt war. Daher die klagen im Homer, daſs so mancher held, den süfsen umarmungen seiner trauten anvermählten entwunden, das neu erbaute oder erst halb vollendete haus verlieſs, und im Troischen kriege fiel! *)

Der tag der hochzeit wurde durch einen feierlichen schmaus verherrlicht, zu welchem sich die braut mit ihren freundinnen und übrigen gästen

*) Il. β, 790. ρ, 36. Od. ψ, 180. Der Homerische ausdruck: δόμος ἡμιτελής ist verschiedner auslegungen fähig. Man s. Eust. ad Il. β, 700 p. 325 Rom. und Ruhnk. ad Tim. p. 160. Entweder wird er eigentlich von dem noch nicht ausgebauten wohnhause des neuen ehepaars gebraucht, oder er bezieht sich auf die verwaisung des hauses, das seiner hälfte, des gatten, beraubt ist.

herrlich schmückte. Pallas ermuntert Nausicaa, ihre kostbaren kleider zu waschen, weil die hochzeit ihr bevorstehe. Da muſs doch, setzt sie hinzu, etwas schönes seyn für dich selber, und die, so dich zum bräutigam führen! *) Helena überreichte dem Telemach beym abschiede ein groſses, künstliches gewand, und sprach: dieses geschenk will ich dir, mein liebes kind, verehren, zum andenken von Helenens hand. Bey der lieblichen hochzeit trage es deine gemalin: bis dahin liege es im hause deiner geliebten mutter! **) Mit schönen gewändern geschmückt erschienen nun die güste im hause des festes und schmausten. Hierauf wurde von den

*) Od. ζ, 27.
**) Od. ο, 100.

anwesenden beiderley geschlechts der tag mit einem fröhlichen tanze gefeiert, welchen die Cither und der gesang der Barden begleitete. *) Bewohnte der bräutigam ein besonderes, vom hause des brautvaters entferntes, haus, so wurde die braut dem bräutigam zugeführt. **) Dies geschah abends beim glanze der fackeln, wo sie aus ihrem thalamus feierlich durch die stadt geführt, oder auch auf künstlichen wagen ihrem bräutigam zugebracht wurde. Die diener trugen die fackeln vor; weiber, blühend mit liebreiz, gingen voraus, und tanzende chöre folgten. Zu den flöten und leiern liefsen mädchen und knaben laute hymenaeen erschallen. Die weiber führten, nach

*) Od. ψ, 147.
**) Od. γ, 272. π, 190.

der Hesiodischen schilderung, den reigen an. *) So viel von der feier der hochzeit, wobey wir nur noch erinnern, daſs, Hesiod zufolge, gewisse tage zum heirathen sowol **), als zur erzeugung der knaben und mädchen, ***) für heilsam oder schädlich gehalten wurden. Auch Homer spricht von männern, denen Cronion bey ihrer hochzeit und bey ihrer geburt glück bestimmte. ****)

Die heiligkeit der ehen erkannte schon das heroische zeitalter an, und die entweihung des ehebetts ward für ein schwarzes, schwer zu ahndendes verbrechen gehalten. Nicht, auf grundsätzen erbaute tugend, aber

---

*) Hes. A. 273. Il. σ, 491.
**) Hes. E. 745.
***) E. 680. 728. 757.
****) Od. σ, 208.

etwas, was oft stärker als grundsätze wirkt, und was die natur vorzüglich den weibern zur ausstattung gegeben, zartes, inniges gefühl dessen, was recht und unrecht ist, stand als schutzgeist der weiblichen unschuld und tugend zur seite. Auch religion und furcht vor den strafen der götter verhüteten häufige ausbrüche lasterhafter neigungen. Die denkungsart jener zeit über diesen gegenstand ergiebt sich aus den verschiedenen beyspielen befleckter ehen. Aegisth freite, sagt Homer, trotz dem verbot der götter, Agamemnons getraute gemalin. Sie verübte hierauf mit verblendeter seele die schändlichste that, indem sie den mann ihrer jugend erschlug, und ist ein ewiges schandlied unter den sterblichen *). Epi-

---

*) Od. α, 35. γ, 260. ω, 200.

kaste machte sich der blutschande schuldig, und nahm ihren eignen sohn zum manne. Allein, bald rügten die götter die schandthat; Oedipus herrschte, mit kummer belastet, in Thebae; aber sie fuhr hinab zu den festen thoren des todes; denn sie knüpfte an das gebälk, in der wuth der verzweiflung, selbst das erdrosselnde seil, und ließ dem sohne den fluch der blutgeschändeten mutter zurück. *) Wer seines bruders bette besteigt, sagt Hesiod, und sich mit dessen weibe heimlich vermischt, auf den zürnt Zeus, und straft ihn hart wegen seiner missethaten. **) Auch Helena ließ sich zur untreue gegen ihren gatten verführen, und zog mit Paris nach Troja. Menelaus

*) Od. λ, 271.
**) E. 301.

droht deswegen dem verführer und allen Troërn Zeus rache an *). Ihre jugend und wiederholte angriffe eines reizenden jünglings auf ein weibliches herz, entschuldigen in unsern augen ein vergehen, das einzige, was dieſs sonst unbescholtne und treffliche weib sich in ihrem leben zu schulden kommen lieſs. Ihr männliches benehmen gegen Paris, dem sie oft wegen seines weibischen Charakters vorwürfe macht; ihre heiſse sehnsucht nach ihrem vorigen gatten, das tiefe gefühl ihres begangnen unrechts, und die zu partheyischen vorwürfe, die sie sich selbst macht, flöſsen uns hochachtung gegen das herz einer frau ein, welche einmal fiel, aber bald wieder aufstand, und durch ihr nachmaliges leben den vo-

*) Il. ⱴ, 614.

rigen flecken völlig austilgte. Griechen und Troër waren auch, sie zu entschuldigen, geneigt. Man höre nur Penelopens urtheil von dieser Einen ihres geschlechts: nimmer hätte der fremdling Helena zur heimlichen liebe verleitet, hätte sie vorbedacht, dafs die Achaier sie mit feuer und schwerdt zurückfodern würden. Aber, gereitzt von der göttin, erlag sie der schnöden verführung, und erwog nicht vorher in ihrem herzen das nahe schreckgericht, das auch uns so viel jammer gebracht hat. *) Minder nachsichtsvoll dachte und urtheilte ein theil der nachwelt von Helenens Charakter, über welche auch der neueste geschichtschreiber der weiber den

---

*) Od. ψ, 219.

stab bricht: *) "Mangel von delicatesse, sagt er, zeigt sich in der ganzen veranlassung und absicht des Trojanischen kriegs. Agamemnon und Menelaus wiegelten ganz Griechenland auf, und alle Griechische völker und könige zogen einem gehörnten oder beschimpften könige in einen andern erdtheil nach, nicht, um den gewaltsamen raub einer tugendhaften und allgemein geliebten königin zu rächen, sondern, um ein **veraltetes, ehebrecherisches weib** wiederzuholen, das freywillig mit ihrem liebhaber entflohen war, und zehn jahre lang mit ihm gelebt hatte, während, daſs ihr erster gemal und seine verbündeten vor den mauern von Troja stritten." Diese nicht ganz delicat ausgedrückte

aa) Meiners. S. 318 f.

klage über mangel an delicatesse bedarf keiner weitläuftigen erörterung. War nicht das heilige recht der gastfreundschaft von dem Troischen fremdling, der freundschaftlich aufgenommen zum lohne dem Menelaus sein weib mit allen ihren schätzen entführte, auf eine art entweiht, welche blutige rache foderte? Nicht mangel an delicatesse, aber wohl verräth dieser krieg den geist eines volks, das einen hohen begriff von der unverletzlichkeit des gastrechts und von der sträfbarkeit des ehebruchs hatte, und das alles dran wagte, um, mit vereinter macht, die zugefügte beleidigung an dem thäter und dessen landsleuten zu ahnden! Alt war Helena in Troja geworden, aber sie war noch schön, und das alter benahm nichts der veranlassung zum kriege; die eheliche treue hatte sie zwar gebrochen, aber darum war sie noch kein **ehebrecherisches** weib, ein wort, womit man nur lasterhafte und in wollüsten versunkne weiber brandmarken sollte! Genug hiervon. Auffallend und sehr gegen die meinung von der grofsen strafbarkeit des ehebruchs abstechend ist es, dafs man ihn durch eine grofse geldbufse abbüfsen konnte oder mufste, ein verfahren, das, aus dem mythe von den umarmungen der Aphrodite und des Ares wahrscheinlich wird. *)

Der mann hielt sich, wie schon bey einer andern gelegenheit angemerkt worden, weniger an die stren-

---

*) Od. 9, 332. S. Meiners s. 318, der es für ein zeichen von verdorbenheit hält, dafs diese völker die verführung oder fehltritte ihrer weiber als einen durch geldbufse zu ersetzenden schaden ansahen.

gern sittlichkeitsvorschriften gebunden. Ihrer gattin und nur ihrer gattin, ihre ganze liebe zu schenken, dazu glaubte sich wol nur ein kleines häufchen von männern verpflichtet. Daher finden wir, dafs selbst ein Ulyfs, der doch seiner gattin so innig zugethan war, sich den umarmungen einer Calypso und Circe nicht entzog, mit denen er sogar, nach Hesiod, *) kinder erzeugt haben soll. Daher konnte sich Agamemnon rühmen, er habe das lager der Briseis nicht bestiegen, wie es wohl brauch sey unter männern und weibern; **) er, der selbst eine beyschläferin, Cassandra, mit nach hause brachte: daher hatte Priamus, aufser seiner rechtmäfsigen gemalin,

*) Θ. 1011.
**) Il. 1, 130.

noch andre kebsweiber, mit denen er viele kinder erzeugte. *) Überhaupt war es eine ziemlich allgemeine sitte, dafs die männer neben ihrer einen gattin noch eine oder mehrere sklavinnen, als beyschläferinnen, **) hielten, wiewol diese sitte doch nicht so allgemein und so tadellos war, wie Meiners glaubt: ***) wenigstens vermischte sich Laërtes, aus furcht vor seiner frau, nicht mit der Euryclea. ****) Auch Phoenix mutter ergrimmte darüber, dafs ihr gatte, Amyntor, eine beyschläferin hatte. *****) Die mit beyschläferinnen erzeugten kinder wurden von

*) Il. φ, 88. ω, 496.
**) παλλακίς.
***) S. 316.
****) Od. α, 433.
*****) Il. ι, 454.

den eltetn mit einer ähnlichen liebe wie ihre ehelichen kinder erzogen; *) wurden öffentlich als geschwister der rechtmäfsigen kinder genannt, **) und nahmen auch einigen antheil an dem erbe des vaters. ***) Es gereichte den söhnen so wenig zum nachtheil, von einer beyschläferin gebohren zu seyn, dafs Ulyfs, obgleich vorgeblich von einem kebsweibe gebohren, dennoch versichert, er habe eine der reichsten frauen geheirathet. ****) Eben so heirathete Menelaus sohn, mit einer sklavin erzeugt, eine vornehme Sparterin. *****) Ich kann

---

*) Il. ι, 69. ϑ, 281.
) Il. ϑ, 318. Lycaon, Priams natürlicher sohn, heifst Hectors **bruder. Vgl. Il. φ, 95.
***) Il. ξ, 202.
****) Od. ξ, 202.
*****) Od. δ, 9.

nicht darüber richten, ob Meiners *) es mit recht als folge von rohheit ansieht, daſs unächte geburt von beyschläferinnen gar nichts schimpfliches hatte, und daſs unächte kinder dieselben vorrechte mit den söhnen von rechtmäſsigen frauen genossen. Aber ich meine doch, daſs man, mit gleichem rechte, das volk der barbarey bezüchtigen könne, das unschuldige kinder um der missethat oder der vergehungen ihrer väter willen mit verachtung und herabwürdigung bestraft! Es bedarf aber auch groſser einschränkungen, was Meiners von denselben vorrechten der ächten und unächten kinder sagt, indem mehrere Homerische stellen nicht undeutlich das gegentheil verrathen. Pedaeus, Antenors natürlicher sohn, wurde von

---

*) S. 316.

Antenors gemalin, Theano, wie ihre eigne kinder, aus gefälligkeit gegen ihren gatten, erzogen. *) Teucer, ein unächter Sohn Telamons, mit der Hesione erzeugt, ward dennoch in des vaters hause erzogen. **) Wird nicht diese den unächten kindern zu theile gewordne erziehung an beiden orten als gefälligkeit, nicht als recht, angesehen? Und zeigt nicht jene erdichtete schilderung des Ulysses, seine brüder hätten, nach des vaters tode, der ihn mit einer erkauften dienerin erzeugt, das reiche erbe getheilt, und dem Ulysses nur wenig davon gelassen ***), die geringere achtung der von beyschläferinnen gebohrnen? Die

*) Il. ι, 69.
**) Il. ϑ, 281.
***) Il. ξ, 202.

kinder erhielten, je nachdem sie in oder aufser der ehe und mit sklavinnen erzeugt wurden, verschiedne benennungen. Jene hiefsen **rechtmäfsige, ächte** *); diese, wenn sie mit einer beyschläferin erzeugt waren, **unächte,****) aus einer geheimen umarmung, **heimlich gebohrne,** ***) mit einer jungfrau, **jungfrauenkinder.** ****)

*) γνήσιοι Il. λ, 102.
**) νόθοι z. B. Il. λ, 102. ν, 173.
***) σκότιοι Il. ζ, 24.
****) παρθένιοι Il. π, 180.

IV.

Sklavinnen, ihr Zustand und ihre Geschäfte.

Es ist schon oben gesagt worden, daſs die groſse gleichheit der stände das schicksal der sklaven und sklavinnen im heroischen zeitalter sehr erträglich machte. Die einfalt der lebensart, und der noch kaum aufkeimende luxus hatte noch nicht die vielen erkünstelten bedürfnisse erdacht, und mit ihnen die lasten der sklaverey verdoppelt. Man gewann sklavinnen zur hausbedienung, zu weiblichen arbeiten, zur theilnahme an dem bette des herrn auf verschiedne art. Jenes zeitalter, dessen handel und schiffahrt noch groſsentheils freybeuterey war, trieb ein ausgebreitetes gewerbe mit sklaven, die, von fernen küsten entführt, nach andern ländern gebracht und um hohe preise verkauft wurden. *) Der höchste preis einer sklavin, der in Homer erwähnt wird, sind zwanzig rinder, für welchen Laërtes die Euryclea erhandelte. **) Reitemeier hat sich also versehen, wenn er sagt: "der preis einer guten sklavin war zehn rinder (Od. 1, 430); ein ziemlich hoher preis, den nur bemittelte aufwenden konnten, und der von funfzig sklavinnen und eben so vielen sklaven (so viel man deren vielleicht im besitz des Ulysses annehmen kann,) alle zu einem gleichen preise angeschlagen, eine heerde von tausend rindern ausmachte. „ ***) Da der preis der Euryclea nicht zehn;

---

*) Od. ξ, 340. ο, 426.
**) Od. α, 430 ἐεικοσάβοια ἔδωκεν.
***) Gesch. der Sklaverey in Griech. S. 29 f.

sondern zwanzig rinder war, so würden hundert sklaven nach der Reitemeierschen berechnung an werth zwey tausend stieren gleich gewesen seyn, eine anzahl, die nicht zu grofs ist, wenn man sich an die grofse viehzucht der heerdenreichen könige jener zeit erinnert. Iphidamas brachte zum blofsen heirathsgute seiner braut hundert rinder, tausend schaafe und ziegen. *) Allein, wir dürfen nicht alle sklaven und sklavinnen zu einerley preise anschlagen, da sie, theils nach der verschiedenheit ihres vaterlandes, theils nach maasgabe ihrer talente von verschiednem werthe seyn mufsten. Wir finden z. b. sklavinnen aus Lesbos, **) aus Epirus, ***)

*) Il. λ, 241.
**) Il. ι, 128. 659.
***) Od. η, 7.

aus Sicilien *) und aus Sidon. **) Letztre standen wahrscheinlich wegen ihrer geschicklichkeiten in mancherley weiblichen künsten in einem weit höhern preise, und scheinen vorzüglich geschätzt gewesen zu seyn, so wie auch die schönen purpurfärberinnen aus Carien und Maconien, deren Homer gedenkt. ***) Wir finden auch noch eine andre preisbestimmung, die von der obigen gar sehr abweicht. Achill setzte bey den zu Patroklus ehre veranstalteten leichenspielen unter andern preisen ein weib aus, die viele werke verstand, und vier rinder geschätzt wurde. ****) Man würde also freilich, wenn man eine mit-

---

*) Od. ω, 210.
**) Il. ζ, 288. Od. ο, 416.
***) Il. δ, 142.
****) Il. ψ, 705.

telzahl zwischen vier und zwischen zwanzig suchte, am ende wieder darauf zurückkommen, jeden sklaven zu zehn rindern anzuschlagen. Es ist natürlich, daſs zu einer zeit, wo sklaverey allgemein ist, diese blos so viel gelten, als sie ihrem herrn dienste zu leisten vermögen; daher sie immer gleich andern waaren geschätzt, und unter diesen genannt werden. Agamemnon erbietet sich, dem Achill seine sklavin zurückzugeben, wenn man ihm dafür ein geschenk von gleichem werthe erlegen wolle, *) und Antilochus, Nestors sohn, sagt zu Achill: du hast in deinem zelte viel gold und erz und schaafe und **sklavinnen**, und rosse, die du zu preisen für die kämpfer bestimmen kannst. **)

*) Il. α, 136 ἀντάξιον.
**) Il. ψ, 549.

Ein andrer weg, sklaven und sklavinnen zu gewinnen, war damals der krieg; jeder gefangne verlohr seine Freiheit, und ward in den sklavenstand herabgesetzt. *) Wir finden sehr vornehme weiber, ja die töchter von königen, zu sklavinnen und beyschläferinnen herabgewürdigt. Priamus z. b. zeugte zwey söhne mit der Laothoë, der tochter Altes, des königs der Leleger. **) Wie kränkend diese demüthigung für freygebohrne, edle frauen seyn mufste, lehren schon die klagen der Troërinnen, besonders der Andromache, die keine andre aussicht, als das Joch der sklaverey vor sich hatten. Wem Zeus den tag der freyheit nimmt, sagt irgendwo Homer, der verliert die kraft und den adel der

*) Od. ϑ, 523. Il. ι, 590.
**) Il. φ, 85.

seele. Die Griechen erbeuteten während des Troischen krieges und bey der einnahme von Troja eine grofse anzahl sklavinnen. Chryses tochter ward aus Thebe erbeutet *), Briseus aus Lyrnesus **), Diomede aus Scyrus ***), Hecamede aus Tenedus ****) und viele andre aus Ismarus. *) Die gemachte Beute wurde durchs Loos vertheilt, und so erhielten die führer der völker, z. b. Agamemnon **) und Achill ***), eine grofse menge von sklavinnen.

Die grofse anzahl von männlichen und weiblichen sklaven, von welcher

*) Il. α, 361.
**) Il. β, 688.
***) Il. ι, 659.
****) Il. λ, 625.
*) Od. ι, 41.
**) Il. β, 226.
***) Il. ι, 367.

im heroischen zeitalter beyspiele vorkommen, hat etwas befremdendes, das auch Meiners *) anlaſs zum tadel gegeben hat: "ungeachtet, sagt er, die könige und helden der fabelzeit viel mehr sklaven, und ihre gemalinnen und töchter viel mehr sklavinnen zu ihrer bedienung hatten, als sich an den höfen der könige, fürsten und ritter des mittelalters und der höhern vorzeit jemals hofbediente und zofen der kammerfrauen gefunden haben; so verrichteten doch die erstern solche niedrige häusliche und andre handarbeiten, welche die letztern von jeher ihres standes und ihrer geburt unwürdig gehalten haben." Auch Reitemeier bemerkt das auffallende in dem reichthume an sklaven — denn Ulysses hatte

*) S. 319.

funfzig sklavinnen *) und Alcinous ebenfalls **), wozu man noch eben so viele männliche sklaven rechnen kann — und sucht sich ihn dadurch zu erklären, dafs die dienerinnen, vorzüglich weberinnen, wahrscheinlich nicht blos fürs eigne bedürfnifs, sondern auch zum erwerbe und tausche der tücher gehalten worden: ein Gebrauch der sklaven, der sich sehr früh und allgemein bey den grofsen findet, und eine ergiebige quelle des einkommens für sie wurde. ***) Ich würde lieber zu einer solchen vermuthung meine zuflucht nehmen, als Meiners tadel beystimmen, glaubte ich nicht, ohne hypothese die menge der sklaven in jenen zeiten recht-

*) Od. χ, 420.
**) Od. η, 103.
*) S. 24 f.

fertigen zu können. Von jenem tauschhandel der tücher und weiblichen arbeiten kommt doch in Homer so gar keine Spur vor, daſs dieses allerdings verdacht gegen die richtigkeit jener muthmaſsung erwekken kann. Dagegen wird die nothwendigkeit vieler sklaven und sklavinnen sehr begreiflich, wenn man bedenkt, daſs theils damals alle kleidungsstücke, wäsche, decken und die mehresten geräthschaften im hause verfertigt wurden, theils, daſs man allen fremden, die sich in den zeiten der gastfreundschaft so häufig einfanden, dergleichen selbstverfertigte werke zu gastgeschenken überreichte. In jedem hause war daher im thalamus, d. h. in der vorrathskammer, eine groſse anzahl prächtiger gewänder und andrer kostbarkeiten. Man kann sich einen begriff von diesen gastgeschenken machen, wenn man sich an die Schätze erinnert, welche die Griechischen helden auf ihren reisen erhalten, oder an jene stelle, in welcher Ulysses sich gegen seinen vater für einen fremden ausgiebt, der einst den Ulysses bey sich bewirthet: er habe dem gast sieben talente künstlich gearbeiteten goldes, einen silbernen crater, zwölf einfache mäntel, zwölf teppiche, zwölf leibröcke, zwölf purpurkleider und überdies zwölf tadellose, kunstverständige weiber gegeben. *) Gab man also, wie diese stelle beweist, selbst sklavinnen zum geschenke an gäste, so läfst sich die menge der sklaven gewifs recht gut begreifen, mit jenen, aus der Sitte des Zeitalters herfliefsenden, arbeiten

*) Od. ω, 273.

verbunden, die eine große anzahl menschenhände beschäftigten. Hierbey darf man aber noch folgende zwey bemerkungen nicht aus der acht lassen. I. Es sind könige oder fürsten, von denen eine so große anzahl von sklaven angeführt wird. Es war aber sitte, daß die vornehmsten im volke täglich von dem könige bewirthet wurden, und die größte zeit des tages bey ihm im schmause zubrachten: daher eine außerordentliche anzahl von bedienten zur bestreitung aller dieser arbeiten und dienste unentbehrlich war. Ja, man muß sich sogar wundern, daß der sklavinnen in einem hause nicht eine noch größre menge ist, nach dem verhältnisse, daß in Ulysses hause allein zwölf müllerinnen waren, die bis in die tiefe nacht beschäftigt sind.*) II. Die familien, vorzüglich der großen, waren sehr zahlreich, und die eltern wohnten oft mit ihren kindern, schwiegerkindern und enkeln in einem hause. Ein so großes hauswesen, wie z. b. Priamus hatte, machte eine große anzahl von bedienten nicht überflüſsig; ja, machte es sogar nothwendig, daſs die gebieterinnen und töchter der großen sich zu den gemeinen geschäften des haushalts bequemten.

Die schönheit der sklavinnen, vorzüglich der Lesbierinnen, wird öfters bey Homer gerühmt, und ihnen werden gleiche beynamen, wie den freien, edlen weibern ertheilt. In ihrer kleidung sowol, als in ihrem unterhalt, scheint man sie nicht als sklavinnen ausgezeichnet und kenntlich gemacht

*) Od. v, 12.

zu haben. Sie waren verschleiert wie die freien, *) gürteten **) und salbten ***) sich, wie jene. Sie nehmen zugleich mit der prinzessin Nausicaa am flusse, wo sie gewaschen hatten, das mahl ein.

Milde und menschlich war die behandlung der sklaven und sklavinnen im heldenalter, und selten lesen wir klagen über die ihre kräfte übersteigende last der auferlegten arbeiten, wie sie etwa jenes schwächliche, malende weib in nächtlichen seufzern hören läfst. ****) Die frau des hauses safs mitten im Cirkel ihrer dienenden weiber, und unterhielt sich mit ihnen. Sie nahmen warmen, treuen antheil

---

*) Od. ζ, 100.
**) Il. ζ, 459. ι, 367. ψ, 261.
***) Od. ζ, 80.
****) Od. υ, 1.

an dem schmerze und der freude ihrer herrschaft. Ulyſs befiehlt abends den mägden der Penelope, zur königin zu gehen: sitzt bey ihr im saale, sie aufzuheitern, und drehet die spindel, und bereitet die wolle. *) Eumaeus klagt, daſs man von der Penelope, seit die freier im hause, kein freundliches wort mehr höre. Und doch, setzt er hinzu, wünschen knechte herzlich, vor der frau des hauses zu reden, und alles zu hören, und zu essen und zu trinken, und auch etwas zu felde mitzunehmen, wodurch das herz der diener erfreut wird. **) Ein beyspiel sehr menschenfreundlicher gesinnungen gegen eine sklavin giebt Penelope, welche die schönwangichte Melantho erzog,

*) Od. σ, 312.
**) Od. ο, 373.

wie ihr kind pflegte, und jeden wunsch ihr gewährte: dennoch war jene treulos gegen ihre königin, und buhlte mit Eurymachus. *) Die ammen und andre alte, treue mägde waren vorzüglich im hause geehrt, und wurden von der gebieterin eines ganz besondern vertrauens gewürdigt. Die schaffnerin Eurynome und die alte amme Euryclea sprechen beide traulich mit der Penelope, und nennen sie in der herzlichen muttersprache: mein kind! **) Nausicaa spielte mit ihren sklavinnen, während sie wäsche am ufer trockneten, ball. Ja, die sklavinnen in Ulysses hause schmücken sich, und tanzen sogar mit den übrigen männern im hause nach der ermordung

*) Od. σ, 320.
**) Od. τ, 169. ψ, 26.

der freier. *) Patroklus hatte der Briseis versprochen, Achill werde sie, wenn er nach Phthia zurückkomme, heirathen, sie, welche bereits einen mann, der von Achill getödtet worden, gehabt hatte. **)

Die belohnung treuer und langer dienste der sklaven war befreyung von der sklaverey, die aber freilich mehr leibeigenschaft, als völlige freyheit zu seyn scheint, und, welche Ulyſs gegen seinen schweinhirten und rinderhirten so ausdrückt: Ich will euch beiden ein weib und güter zum eigenthum geben, und euch nahe bey mir häuser erbauen, und ihr sollt mir freunde und brüder meines Telemachs seyn. ***) Eumaeus klagte

---

*) Od. ψ, 131. 147.
**) Il. τ, 288.
***) Od. φ, 214.

über den verlust seines alten herrn, der ihm, wie gütige herrn zu thun pflegen, ein eigenthum, haus und hof und ein eheweib für die langen dienste würde geschenkt haben. *) Daſs ein weib blos als belohnung dem alten diener für lange bewiesne treue gegeben ward, beweist hinlänglich, was auch Reitemeier **) bemerkt, daſs die sklaven und sklavinnen gewöhnlich nicht verheirathet waren, und man damals auf die gewinnung derselben durch fortpflanzung ihres geschlechts keine rücksicht nahm. Im gegentheil sagt Hesiod in seinen vorschriften, die haushaltungskunst betreffend, ausdrücklich: man müsse sich zur wirthschaft

*) Od. ξ, 62.

**) S. 29.

ein nicht verheirathetes weib, das keine kinder habe, anschaffen. *)

Da die sklaven und sklavinnen ganz das Eigenthum ihrer Herren waren, so stand auch die Behandlung derselben ganz in ihrer gewalt, und sie hatten niemanden davon rechenschaft zu geben. Dennoch findet man fast immer die sklaven mit sanftmuth und güte behandelt, und die beispiele grofser, grausamer strafen sind nur selten und bey grofsen Vergehungen. Des königs Ctesius sklavin ward von Phoenicischen handelsleuten, die sie zu ihren eltern zurückzubringen versprachen, verführt. Sie verbot ihnen, sie auf der Strafse oder beim Wasserschöpfen anzureden, damit nicht ihr Herr aus Argwohn ihr schwere

*) E. 375. 503.

bande anlege. *) Der treulosen, wollüstigen Melantho droht Ulyſs, ihre Aufführung dem Telemach zu entdecken, damit er sie gleich in Stükken zerhaue. **) Die schmählichste und grausamste todesstrafe wurde an Ulysses untreuen mägden verübt. Ulyſs hatte dem Telemach und den beiden hirten befohlen, sie mit dem schwerdte zu erwürgen; Telemach aber hält ihre schandthaten für zu groſs, als, daſs sie mit dem reinen tode des schwerdtes sterben sollten, und hängt sie alle neben einander an ein seil auf, mit der schlinge um den hals, wo sie eines kläglichen todes sterben. ***) Einst, als Euryclea, die sonst so geliebte und vertraute die-

*) Od. ο, 420.
**) Od. σ, 338.
***) Od. χ. 443. 462.

nerin, plötzlich Penelope aus dem schlafe weckt und ihr Ulysses ankunft verkündet, spricht diese, unwillig darüber, daſs sie aus dem süſsen schlummer durch ein vermeintes mährchen gestört worden: hätte mir eine der andern dienenden weiber dieses verkündet und mich vom schlummer erwecket, fürchterlich hätt' ich sie gleich heim gesandt in den saal! Dich aber rettet dein Alter! *)

Die geschäfte der dienenden weiber waren so mannichfaltig, als die damalige verfassung des häuslichen lebens es erfoderte. Auch die behandlung und achtung, die sie genossen, stand in verhältniſs mit der art ihrer dienste. Euryclea war als amme und als aufseherin **) über die übrigen

*) Od. ψ, 23.
**) Od. υ, 135. χ, 395.

mägde in Ulysses hause geschätzt und geehrt, und sie hatte die liebe und das vertrauen der Penelope. Sie erzählt dem Ulysses, der, heimgekommen, nach den mägden frägt, die ihren alten herrn verachtet, und die ihm treu verblieben sind: Funfzig sind der weiber in deinem pallaste, welche ich und Penelope lehrten, weibliche werke zu machen, wolle zu kämmen, und ihre dienste treu zu besorgen. Aber zwölf von ihnen, in unverschämtheit versunken, ehren weder mich, noch selbst die Penelope. *)

Es ist bereits bemerkt worden, dafs das heldenalter ammen **) kannte. Sie gaben nicht allein den kindern ihres herrn die erste nahrung, sondern sie sorgten auch in der fol-

*) Od. χ, 420. Vgl. Hom. H. Cer. 144.
**) τιθήνη, τροφὸς, μαῖα.

ge, bis das kind zum jünglingsalter herangewachsen, für seine pflege und erziehung, und blieben das ganze leben durch im hause ihrer herrschaft, wo sie von den kindern, die sie gesäugt hatten, kindlich geliebt, und von deren eltern reichlich beschenkt wurden. Man erinnere sich nur an die von Ulyſs so geachtete alte Euryclea oder an die Ceres, die als amme bey Celeus kleinem knaben sich verdungen hatte. *) Wie man sich indeſs der, wie schon erinnert worden, unverheiratheteten sklavinnen zu ammen bedienen konnte, möchte schwierigkeiten unterworfen seyn; man müſste denn annehmen, es wären erst erbeutete und in die knechtschaft gekommene weiber, die kurz vorher selbst kinder gebohren

a) Hom. H. Cer. 218.

hatten, dazu genommen worden, wofür sich freilich aus Homer der beweis nicht führen läſst, welches aber auch nicht widerlegt werden kann. Will man dies nicht annehmen, so muſs man sich, diese erscheinung zu erklären, auf die von aerzten angeführten beyspiele unverheiratheter personen berufen, bey denen sich, auſser der zeit der schwangerschaft, milch in den brüsten eingefunden, oder, die durch anlegung säugender kinder, natürliche milch bekommen haben. Vielleicht waren auch diese säugammen nicht immer wirkliche sklavinnen im eigentlichen sinne, sondern arme weiber, die sich freywillig in den dienst einer herrschaft begeben hatten, und die kinder derselben säugten. Eine solche frau war wirklich jenes mütterchen (Ceres) im

hymne auf die Ceres, die sich bey
der Metanira vermiethete, um den
kleinen knaben Demophoon zu nüh-
ren und groſs zu ziehen. Sie war
kaufleuten, die sie entführt hatten,
entflohen, um nicht ihrer freyheit beraubt zu werden. Es tritt aber hier
eine neue schwierigkeit ein, wie ein
altes weib, (so wird hier Ceres geschildert) **die nicht mehr gebiehrt,
noch genieſst die gaben der
göttlichen Venus, wie die nährerinnen der königskinder und
die schaffnerinnen sind,** *) noch
die erste mutternahrung einem kleinen kinde geben konnte. Daſs sie
nicht blos zur kinderwärterin, sondern zugleich zur milchamme bestimmt gewesen, scheinen mir die
worte zu enthalten: **sie nährte**

*) Hom. H. Cer. 101.

den knaben; er aber wuchs, gleich einem gotte, weder brod essend, noch saugend. *) Statt dieser nahrung, die sie ihm darreichen sollte, salbte sie ihn mit Ambrosia, und barg ihn nachts, wie einen brand in den flammen. Euryclea, Ulysses säugamme, wird auch verschiedne male Telemachs amme**) genannt, und sie pflegte und wartete diesen mit mütterlicher zärtlichkeit. War sie wirklich säugamme Telemachs, da sie schon weiland Ulysses genährt hatte, so wäre dies ein höchst seltsamer fall, daſs ein weib vater und sohn die erste nahrung gegeben und noch im hohen alter nahrung für ein kleines kind gehabt habe: allein, vielleicht ist blos an war-

*) v. 236.
**) Od. β, 349 μαῖα ς, 31, τροφός.

tung und verpflegung des Telemach zu denken, welche von der Euryclea besorgt wurde, zumal, da an einer andern Stelle gesagt wird, Penelope habe selbst den Telemach gesäugt. *) Was aber jenes erste beyspiel der Ceres und die möglichkeit betrifft, noch im hohen alter säugammendienste zu verrichten, so giebt es doch auch einige, wiewohl seltne, beyspiele von absonderung der milch im kinderlosen alter. Unter den müttern und ammen herrschte mancher aberglaube und manches vorurtheil über mögliches berufen oder zuschadenkommen des knäbleins oder mägdleins, wogegen man sich durch allerley mittel zu waffnen suchte. Ceres versichert der besorgten Metanira, sie wisse gegen alle zauberey kräftige gegenmit-

a) Od. λ, 449.

.tel. *) Die pflege und erziehung der kinder ihrer herrschaft war, wenigstens zum theil, diesen ammen oder kinderwärterinnen bis in die jahre übergeben, wo jene verheirathet wurden. Jene Sidonische sklavin erzog den kleinen knaben Eumaeus, sohn des Ctesius, im hause. **) Eben so wurde Nausicaa von der Eurymedusa erzogen und bedient. ***) Die alte Sikelerin beym Laërtes hatte Dolius söhne erzogen. ****)

Unter die vorzüglichsten geschäfte der dienenden weiber gehören die künste der Pallas oder das spinnen, weben und wollebereiten, womit täglich in den häusern der fürsten

*) Hom. H. Cer. 227.
**) Od. o, 420.
***) Od. η, 7.
****) Od. ω, 366.

eine menge weiblicher hände beschäftigt wurden. Die Phoenicischen weiber zeichneten sich durch ihre fertigkeiten in diesen kunstarbeiten vor andern nationen aus,

Die hausarbeiten waren ungefähr also in den häusern der fürsten vertheilt. Des morgens versammelten sich die mägde, und zündeten das feuer an. *) Der saal wird gesprengt und gekehrt, die teppiche werden über die sessel gebreitet, die tische mit schwämmen gescheuert und die becher ausgespült. Andre gehen indefs aus, wasser vom quell zu holen. **) Hierauf gehen sie an ihre künstlichen arbeiten im zimmer der hausfrau. Andre bereiten indefs mit den männlichen sklaven die mahl-

*) Od. υ, 123.
**) Od. υ, 135.

zeit zu, und bedienen die sich einfindenden gäste oder fremdlinge. Eine dienerin trug in der goldnen kanne, über dem silbernen becken, waschwasser, beströmte damit die hände der gäste, und stellte vor sie die geglättete tafel. *) Auch wurde dem gast oder der herrschaft selbst ein warmes bad bereitet, **) und die dienerin wusch, salbte und bekleidete sie. ***) Hierauf trug die schaffnerin brod in körben auf, und viele gerichte aus ihrem vorrath. ****) Diese dienerin war es, welcher die bewahrung der vorrathskammer anvertraut wurde. So bewahrte die

*) Od. α, 136. γ, 428. δ, 50. η, 172. ο, 135. ζ, 90.
**) Il. ξ, 5. χ, 441. Od. ϑ, 432. 449. κ, 354. τ, 387.
***) Il. ι, 905. Od. δ, 47. ζ, 200. ϑ, 449.
****) Od. α, 139.

schaffnerin Euryclea tag und nacht mit verständigem sinn alles, was in Ulysses vorrathskammer war. Sie behielt hier seit lange süfsen wein für Ulysses auf, schöpfte dem reisefertigen Telemach süfsen wein daraus in die gefäfse, und mehl in die schläuche. *) Ging die gebieterin aus, oder erschien sie in dem saale bey der gesellschaft, so wurde sie stets von einigen ihrer dienerinnen begleitet und bedient. Drey dienerinnen folgten der Helena in den saal, wo Menelaus güste schmausten; Adraste setzte ihr den zierlichen sessel und den schemel der füfse, Alcippe brachte den teppich, und Phylo das arbeitskörbchen mit garn und wolle. **) Man brauchte auch die mägde zu

*) Od. β, 345.
**) Od. δ, 122.

versendungen und verrichtungen aufser dem hause. Sie holen auf befehl der Hecuba die weiber in Troja zusammen; *) die schaffnerin des Ulyſs soll zu Laërtes gesandt werden. **) Piraeus ermahnt den Telemach, mägde nach seinem hause zu schicken, die geschenke abzuholen, welche Menelaus dem Telemach verehrt hatte. ***) Des abends war das geschäft der weiber, feuer am heerde zu unterhalten. ****) Es scheinen auch eigne weiber zum heizen bestimmt gewesen zu seyn, deren charakter den bettler Irus zu der vergleichung des Ulyſs mit einer schwatzenden

*) Il. ζ, 286.
**) Od. π, 130.
***) Od. ζ, 75.
****) Od. ς, 312. τ, 54. υ, 123.

heizerin anlaſs giebt. *) Sie bereiteten das bette ihrer herrschaft und ihrer gäste, **) und begleiteten sie mit fackeln zu ihren schlafstellen. Euryclea, Telemachs alte wärterin, geht mit diesem stets in das schlafzimmer. Er giebt ihr seine ausgezogene gewänder, die sie in falten legt, und am nagel beym bette aufhängt. Alsdann verläſst sie ihn, und verschlieſst das zimmer. ***) Sie räumen, sobald sich alles zur ruhe begeben, das geräth des mahls weg, ****) löschen das feuer auf dem heerde aus, und begeben sich in ihre schlafgemächer. Einige schlafen in der nähe ihrer gebieterinnen, wie die

---

*) Od. σ, 27.

**) Il. ι, 656. ψ, 642. Od. δ, 295. η, 335. ζ, 88. υ, 1. ψ, 175. 284.

***) Od. α, 428.

****) Od. η, 230.

P

zwey mägde, die neben dem schlafzimmer der Nausicaa ruhten. *)

Die sauerste arbeit scheinen die müllerinnen gehabt zu haben, die im hause des Alcinous in Phaeacien, **) und in Ulysses hause erwähnt werden. Hier waren täglich zwölf müllerinnen beschäftigt, waizen und gerste auf den handmühlen zu mahlen. Homer erzählt eine merkwürdige geschichte von einem mahlenden weibe, das noch die nacht hindurch bis nahe an den morgen beschäftigt war. Als schon die übrigen müllerinnen schliefen, nachdem sie den waizen zermalmet, hatte diese, die schwächste unter allen, ihre arbeiten noch nicht vollendet. Sie hörte es früh donnern, und sprach: du sendetest ge-

*) Od. ζ, 16.
**) Od. η, 103.

wis, Zeus, ein zeichen! Laſs doch die freier heut zum letzten male hier schmausen, die mir alle kraft, durch die kümmerlichen arbeiten, mehl zu bereiten, geraubt haben! *)

Auch zum füttern des viehes wurden die mägde gebraucht. Hesiod ermahnt seinen bruder, einen ackernden ochsen zu kaufen, und ein weib, die den ochsen besorge. **) Auch federvieh hielt man im hause, dessen besorgung wahrscheinlich die sache der sklavinnen war. So finden wir in Menelaus hause einer im hause gemästeten gans erwähnt. ***)

Die sklavinnen dienten endlich noch zur befriedigung der sinnlichkeit ihrer herren, von welchen sie als beyschläfe-

*) Od. v, 1.
**) Hes. E. 375.
***) Od. ɛ, 170.

rinnen, theils zu hause, theils im kriege, gebraucht wurden. So hatte Amyntor, nebst seiner gattin, noch eine beyschläferin. *) Nestor zeugte mit einer sklavin einen sohn, **) Oileus erzeugte mit der Rhene den Medon, ***) Achill schlief bey Briseis ****) und hernach bey der schönwangichten Diomede, *) Patroklus bey der Iphis. **) Priamus hatte eine grofse anzahl kinder mit beyschläferinnen erzeugt, z. b. den Democoon, Isus, Doryclus, Cebriones, Lycaon, Gorgythion und eine tochter Medesicasta. ***) Feith ist der meinung, Priamus habe mehrere weiber durch eine

*) Od. ι, 447.
**) Od. δ, 12.
***) Il. β, 728.
****) Il. ι, 336.
*) Il. ι, 659.
**) Il. ι, 662.
***) Il. δ, 499. 9, 304. λ, 102. 490. vgl. Θ, 318. ι, 73. π, 738. φ, 35. 85. χ, 46. ω, 496.

rechtmäfsige ehe besessen. *) So wenig auch diese vermuthung durch die geschichte jener zeiten unterstützt wird, welche nichts von vielweiberey zu wissen scheinen, so ist doch der ausdruck: Castianira, welche Priam aus Aesyma *gefreit* hatte, **) Feiths meinung allerdings günstig. Doch finde ich in der von ihm angezogenen stelle ***) keines heirathsguts gedacht, welches Laothoë ihrem gemal mitgebracht haben soll, und, welches freilich eine rechtmäfsige ehe aufser zweifel setzen würde. Agamemnon hatte viel erbeutete, auserlesne weiber in seinem zelte, ****) die ihm die Achaeer gegeben hatten. Sie scheinen aber bereits bejahrte frauen gewesen zu seyn, die man wahr-

---

*) 2, 17, 4.
**) ἐξ Ἀισύμηθεν ὀπυιομένη Il. Θ, 304.
***) Il. φ, 85. 88.
****) Il. β, 226.

scheinlich blos zu weiblichen arbeiten, nicht als bettgenossinnen, brauchte, weil Thersit ihm vorwirft: ist dirs nicht gnug an dem, was du hast; verlangst du vielleicht ein junges mädchen, dich mit ihr in liebe zu vermischen? Die nachkommenschaft der beyschläferinnen war damals noch frey, und wurde gemeiniglich im hause des vaters erzogen; doch hatten diese unächten kinder, wie oben gezeigt worden, weniger rechte als die ehelichen.

Aufser den eigentlichen sklavinnen gab es auch jezuweilen dienende weiber, die für andre leute arbeiteten oder sich in dienste begaben. Ein beyspiel der art ist wahrscheinlich jene alte wollkämmerin in Lacedämon, welche von der Helena vorzüglich geliebt ward; *) ferner die taglöhnerin, welche die gesponnene wolle abwiegt, um

*) Il. γ, 386.

ihren kindern den dürftigen unterhalt zu erwerben. *) Auch Ceres vermiethet sich in gestalt eines alten weibes zur kinderwärterin und amme bey der Metanira.

Ich hätte überhaupt die geschichte des weiblichen geschlechts unter die rubrik von der sklaverey bringen müssen, hätte ich mich von der meinung verschiedner gelehrten, denen sich neulich Reitemeier beygesellt, überzeugen können, daſs überhaupt, auch die rechtmäſsigen weiber, in einer art von dienstbarkeit gestanden. Reitemeier sagt ausdrücklich: "Es zeigt sich ein deutlicher unterschied unter den weibern, die zur gewinnung der nachkommenschaft gehalten werden, und unter denen, die zur befriedigung der wollust dienten, ein unterschied, der die existenz der ehe

*) Il. μ, 433.

beweist: jene waren eigentliche frauen und dem namen nach freygebohrne, diese beyschläferinnen und vollkommene sklavinnen." *) Ich enthalte mich aller anmerkungen über diese parallele zwischen den gattinnen und beyschläferinnen der helden, und überlasse es dem leser, zu entscheiden, ob die grenzlinien zwischen beiden gattungen von weibern damals so nahe neben einander liefen, und ob sich die ehefrauen durch weiter nichts von den kebsweibern auszeichneten, als dafs sie freygebohren, und zur gewinnung der nachkommenschaft gehalten wurden, ein urtheil, das der verfasser bey den grofsen schatten des heldenalters verantworten mag!

*) S. 20.

ENDE.

www.ingramcontent.com/pod-product-compliance
Lightning Source LLC
Chambersburg PA
CBHW021818230426
43669CB00008B/795